AF377790

NAPOLÉON PREMIER

ALBERT MEYNIER

Professeur au Prytanée National Militaire

NAPOLÉON

PREMIER

Essai psychologique et historique

SUR

L'HOMME ET SUR L'ŒUVRE

PARIS

GEORGES BAUM, LIBRAIRE-ÉDITEUR

5, RUE DE FLEURUS, 5

1898

A MON PÈRE

Lieutenant-Colonel d'Infanterie de Marine en Retraite

A MES FRÈRES LÉOPOLD ET OCTAVE

Lieutenants d'Artillerie et d'Infanterie de Marine

A ces deux générations de soldats qui, depuis un demi-siècle (1847-1897) défendent le pavillon national dans ces pays lointains où Napoléon aurait voulu le voir flotter plus haut que tous les autres, je dédie, en la plaçant sous leur sauvegarde, cette œuvre consacrée à la gloire d'un soldat, et dont je souhaiterais que leur patriotisme pût s'applaudir sans que le libéralisme de personne eût lieu de s'offusquer.

AVANT-PROPOS

Ceci n'est pas un livre de science composé d'après les procédés rigoureux de la méthode historique. On n'y trouvera aucun fait nouveau appuyé sur des documents inédits. L'auteur se contente d'être à peu près au courant des dernières découvertes et des récentes publications sur le sujet qu'il a choisi. Ne produisant que peu de faits, et tous très connus, il a cru pouvoir se dispenser de l'appareil ordinaire des notes et des renvois. Chacune de ses affirmations n'en repose pas moins sur des preuves sérieuses, et le plus souvent de première main.

Malgré son aspect et sa brièveté, et en dépit du titre de « psychologique » qui le caractérise en partie, cet essai a cependant la prétention d'être surtout une œuvre historique. A côté des histoires de faits, que seuls peuvent écrire ceux qui sont à portée des sources, il y a les histoires d'idées qu'il est permis à tous de concevoir et d'exécuter d'après les travaux originaux. Il n'est pas inutile de rassembler leurs conclusions isolées, de rapprocher leurs résultats parfois différents, de comparer des assertions souvent diverses, bref de tenter une synthèse à la fois hardie et prudente des éléments dégrossis et préparés par de longues et patientes analyses.

Pour cela deux conditions sont nécessaires, raisonner juste, et ne jamais se départir de l'impartialité la plus stricte. Encore faut-il bien s'entendre sur le sens exact du mot impartial. N'être d'aucun temps ni d'aucun pays, tel est, dit-on, le premier devoir de l'historien. On y ajoute, il est vrai, sans souci de la contradiction, qu'il doit être du temps et du pays dont il écrit l'histoire. Pour nous, cette seconde règle nous paraît plus complète et plus vraie que l'autre.

Pour bien comprendre, en effet, un homme ou une époque, il nous semble nécessaire d'y pénétrer assez avant, non-seulement pour s'en représenter nettement les idées dominantes et en éprouver avec force les impressions et les sentiments, mais pour en adopter les préjugés, en subir les entraînements, en partager les illusions et en admettre les erreurs. L'histoire ne se déroule pas en droite ligne, suivant des idées claires et sous l'impulsion de sentiments très conscients. Dans le progrès total vers la raison, la raison seule n'a pas son rôle. La résistance aveugle ou la vitalité persistante des préjugés, les entraînements de la passion chez les princes ou les peuples, les illusions qui les fascinent et auxquelles ils s'abandonnent si volontiers, leurs erreurs même, tout cela mélangé, confondu, contribue avec leurs desseins à la marche de l'histoire et, en grande partie, la détermine.

Pour la bien comprendre, il faut donc la vivre d'abord, à peu près comme l'ont vécue ceux qui la firent, c'est-à-dire au jour le jour, et sans la juger à chaque instant au nom de conceptions ou de convictions ayant triomphé après l'époque étudiée, ou qui règnent de notre temps. Il faut éviter surtout de condamner en bloc tout un homme ou tout un système parce qu'ils ont réalisé des idées différentes des nôtres et en lesquelles nous n'avons pas su entrer. Excommunier Napoléon et son œuvre au nom du libéralisme individualiste, comme a fait Taine, c'est

admettre gratuitement ces deux suppositions : la première, qu'il pouvait connaître la théorie qu'on lui
reproche de n'avoir pas su faire passer dans les faits ;
la seconde, que cette théorie est, pour tous les pays
et pour tous les temps, la seule bonne et la seule
juste : ce qu'il nous paraît un peu téméraire d'affirmer ainsi. Taine n'aurait pas, croyons-nous, porté
sur le régime napoléonien, qui est encore le nôtre,
une condamnation aussi sévère, s'il s'était placé, pour
l'examiner, à un point de vue à la fois plus large
comme doctrine et plus étroit comme méthode et qui
aurait consisté à apprécier les idées de 1800, comme
on pouvait le faire en 1800.

Nous avons cru également devoir étendre le cadre
où nous plaçons notre héros au delà des limites où
Taine s'est renfermé. Nous avons voulu protester par
là contre l'abus en histoire, des monographies qui
peuvent, malgré la méthode la plus rigoureuse,
conduire à des appréciations évidemment erronées.
Le procédé monographique ne se justifie que pour
des espèces ou des êtres que l'on suppose immuables
et sans relations, au moment précis où on les étudie,
avec le milieu ambiant. Est-il applicable à l'histoire ?
Est-il permis de nous décrire un Napoléon idéal,
presque en dehors du temps et de l'espace, et de
déduire de sa définition un exposé de sa politique ?
C'est ainsi qu'a fait Taine, en procédant par abstrac-
tion trop rigoureuse et par trop violentes éliminations.
Une telle méthode l'exposait forcément à être, sur ce
sujet si vaste, incomplet, exclusif et par suite, peu
équitable.

Peut être nous reprochera-t-on d'être tombé dans
l'excès contraire en poussant cette étude jusqu'à une
époque toute voisine de la nôtre. Mais nous n'aurions
pu faire autrement sans mutiler notre sujet et sans

nuire à l'unité de cette œuvre. Nous demandons qu'on la lise toute avant de se récrier à quelques unes de ses affirmations, qui pourront sembler audacieuses. Si nous avons cru pouvoir éclairer le passé par le présent, nous répudions toute intention d'avoir voulu critiquer le présent par le passé. C'est, au contraire, une des idées dominantes de cette étude, que les choses mortes ne sauraient renaître, et que la seule explication ou, si l'on veut, la seule excuse de Napoléon, c'est d'avoir été l'incomparable, l'unique, et souhaitons-le, le seul.

NAPOLÉON

L'HOMME

Le nom de l'Empereur Napoléon, — le Grand, le Premier, — évoque en nos esprits une image assez nette, et une idée peu précise. S'il est facile, en effet, de se représenter ses traits avec une approximation d'exactitude très suffisante en fondant, pour ainsi dire, les uns dans les autres, les quelques milliers de portraits différents que son époque nous a laissés, c'est une tâche plus malaisée de deviner sa personnalité morale, même en prenant, par un procédé analogue, une sorte de moyenne entre les innombrables témoignages discordants portés par ses contemporains. L'équitable postérité semble, à l'égard de ce grand homme, avoir failli à son devoir. Elle l'a déifié ou vilipendé : elle ne lui a pas rendu justice. La variété prodigieuse des appréciations émises sur lui est même un des plus tristes exemples de la partialité et de l'incertitude des jugements humains.

Il y aurait peut être quelque intérêt à discuter une fois de plus cet émouvant procès dont toutes les pièces essentielles doivent être aujourd'hui rassemblées. Il est peu probable, en effet, que l'on mette au jour assez de documents nouveaux pour infirmer les conclusions qui se peuvent tirer du dossier déjà réuni. On nous permettra donc de regarder notre religion comme éclairée par les dépositions contradictoires que nous avons entendues, et de nous mettre dans l'état d'esprit d'un président du jury qui, son opinion déjà faite, se dispose à répondre, en son âme et conscience, aux questions posées par la Cour. On a trop interprété, sollicité, dénaturé les textes pour qu'il soit besoin de les torturer à nouveau. Qu'il nous soit loisible de prononcer un jugement en cette cause d'ailleurs indéfiniment sujette à appel.

Ce qui garantit l'équité d'une sentence, c'est peut-être moins une rigide impartialité qu'une absence totale de prévention inconsciente. Or tous les historiens que nous avons étudiés nous paraissent, qu'ils le veuillent ou non, qu'ils le cachent ou l'avouent, plus ou moins prévenus. Ils ont jugé en Napoléon moins le général, l'administrateur ou le souverain, que le fondateur d'une nouvelle dynastie et l'inventeur du césarisme bonapartiste. Ils ont considéré surtout l'immense influence exercée sur son époque par cet homme de génie en négligeant peut être d'étudier l'influence que son époque exerça sur lui. — Nous essaierons de voir seulement en lui un homme, à qui l'on doit justice, et un grand homme, à qui des égards sont dus.

Son histoire nous apparaîtra comme un épisode logique et nécessaire, dans certaines circonstances déterminées, de l'Histoire de la Révolution, de l'Europe et de l'Humanité. Peut être en évitant d'y chercher l'Empire Romain, celui de Charlemagne ou de Gengis-Khan, et d'autre part Sylla, César ou Cromwell, trouverons-nous simplement le Premier Empire Français et Napoléon.

LE CARACTÈRE

Suivant un usage généralement adopté, nous étudierons l'homme avant l'œuvre, celle-ci pouvant, dans une certaine mesure, s'expliquer par celui-là. Nous nous promettons, du reste, de faire quelques réserves sur la légitimité absolue de cette méthode et sur son application au cas présent.

On s'est beaucoup occupé, en ces temps derniers, de « Napoléon intime. » On a voulu connaître en détail le caractère et la vie privée de cet homme extraordinaire. En revanche, les travaux d'ensemble sur son rôle historique sont rares et incomplets. On n'a rien embrassé par peur de mal étreindre. Or, de ces études, l'Empereur est sorti passablement maltraité et sensiblement amoindri. Elles semblent nous avoir révélé un assez méchant homme, un despote, peut-être même un tyran. Comme, d'un autre côté, certaines parties de son œuvre, telles que la centralisation à outrance et l'amour immodéré de la guerre ne sont pas dans les idées d'aujourd'hui, on a rapproché et fondu ces diverses opinions défavorables dans une condamnation genérale à laquelle semble avoir souscrit la majorité des gens éclairés.

Il y a là une erreur d'appréciation et un défaut de perspective contre lesquels il importe de se mettre en garde tout d'abord. N'oublions pas que nous avons affaire à un homme dont le rôle est cent fois plus important à apprécier que la personne. La postérité jugera moins ce qu'il fut que ce qu'il a fait. Toute exigence d'érudition ou de curiosité mise à part, il ne faut pas perdre de vue cette très simple constatation : Un individu peut être un très mauvais homme et cependant un très grand souverain : tel, notre Louis XI ; ou bien encore un exécrable tyran et un profond politique : exemple, Henri VIII d'Angleterre, deux princes que la morale met très bas et que l'histoire place très haut.

Peut être aurons-nous à porter un jugement sévère

sur l'homme et le souverain que fut Napoléon, sans que, pour cela, son personnage fasse, dans l'histoire trop mauvaise figure. Du reste, même à ces deux points de vue, il excite l'admiration autant qu'il prête à la critique. Bien que ses grandes qualités n'aient jamais été sérieusement contestées, et qu'il paraisse superflu de s'y extasier, après tant d'autres, cependant la stricte impartialité et aussi le juste équilibre entre ses diverses parties que réclame toute composition littéraire nous feront un devoir, après avoir montré les ombres du tableau, d'en laisser briller les lumières. S'il est vrai que toute sentence est la traduction raisonnée d'une impression, encore faut-il que cette impression soit aussi complète que vive, aussi éclairée que profonde. Nous envisagerons donc successivement le caractère et l'esprit de Napoléon. Nous étudierons le caractère du souverain après celui de l'homme et, dans son esprit, nous mettrons à part la plus belle partie, qui est le génie militaire. Mais, quelles que soient les conclusions de cet examen, — est-il besoin de dire qu'elles ne seront pas toutes défavorables, — et même en les supposant très dures, nous n'aurions accompli que la moindre partie de notre dessein, et l'œuvre resterait encore pour réhabiliter l'homme.

L'HOMME

I

Napoléon fut-il un homme plus mauvais que la majorité des hommes? Et d'abord est-il le despote oriental, débauché et sensuel, l'Elagabal insensé ou l'immonde Sardanapale dont les désirs déréglés ne respectèrent pas même ses sœurs? — Le seul souci d'être complet nous contraint à reproduire cette accusation. Car ceux qui l'ont portée, usant du procédé familier aux calomniateurs, ont laissé à leur victime le soin de prouver son innocence. Mais la plainte s'étant produite, et pour cause, à l'insu ou après la mort du prévenu, la preuve est difficile à faire. L'histoire doit donc rejeter, sinon ignorer cette accusation dont l'origine est, d'ailleurs très suspecte, car on la rapporte à Joséphine qui, fort mal placée pour la contrôler, avait tout intérêt, au contraire, à l'accueillir, à la provoquer ou même à la forger de toutes pièces.

Sans être allé jusqu'à l'inceste, Napoléon aurait, dit-on, pratiqué un cynique libertinage. Cette supposition, que semble autoriser la fougue bien connue de son tempérament, s'accorde assez mal, d'autre part, avec l'énorme force de travail qu'il soutenait toujours égale à elle-même, et avec sa constante préoccupation de maintenir intact le prestige dont il voulait être entouré. On sait pourtant qu'il eut d'assez nombreuses faiblesses. Mais quel souverain, quel homme d'Etat n'en connut jamais ? Au moins sut-il éviter le scandale d'un double adultère avoué, étalé, reconnu, adulé, dégénérant en concubinage et se justifiant lui-même par une audacieuse légitimation des bâtards qui en étaient nés. Pourquoi se montrerait-on plus sévère au Grand Empereur qu'au Grand Roi ?

Au moins sut-il, comme Louis XIV, interdire à ses passions toute invasion dans sa vie publique. Napoléon se garda même mieux que le grand roi de ce danger. Aucune Maintenon ne put s'immiscer dans sa conduite et Mme de Rémusat se perdit à vouloir l'essayer. L'Empereur nous semble même avoir trop dédaigné les femmes dans un pays où leur influence est aussi grande qu'incontestée. Sans doute son despotisme redoutait cette concurrence. Sa force

A

craignait de s'amollir au contact de leur toute puissante faiblesse. Il affectait le mépris du méridional pour la femme, à ses yeux objet de passion ou simple instrument de plaisir. Cette aversion pour la galanterie fut une faute politique. Un gouvernement n'est solide, en France, que s'il a les femmes pour lui. Toutes les Françaises virent bientôt Napoléon avec les yeux déçus et furieux de Mme de Rémusat. Il tomba sous les cris des mères, au milieu de l'indifférence ou de la haine des autres. Il fut puni d'avoir méprisé l'appui du cœur féminin, invinciblement fidèle à qui le flatte et l'aime, et de l'irrésistible diplomatie des salons, précieuse à qui sait en user.

Mais de ce fait même découle la condamnation des critiques portées contre son immoralité. Au fond, comme la plupart des grands politiques, Napoléon faisait peu de cas de la femme en dehors des moments ou la nature commande trop impérieusement.

II

Il eut, certes, une conception quelque peu brutale et soldatesque de la galanterie. Mais il connut aussi le grand, le pur amour. Il aima d'une passion ardente, emportée, exclusive, et d'un amour absolu, tendre et constant. Il aima pour la seule douceur d'aimer, sans être payé de retour par les deux femmes qu'il chérit l'une après l'autre. Rôle ingrat, et difficile à tenir pour un égoïste. — Mais, dira-t-on, si malgré son rang, toute sa gloire et tout son génie, il ne sut pas inspirer un tendre sentiment, c'est qu'il en était indigne. Ce reproche porterait s'il ne pouvait être aisément retourné. Or, des deux personnes sur qui s'égara son choix, Joséphine, de l'aveu de tous, n'était guère capable de concevoir et de nourrir une affection fidèle et durable. Quant à Marie-Louise, nous en dirions volontiers, avec M. Marcel Prévost, que c'était une oie, — uniquement remarquable par son extrême blancheur.

On dit encore que l'Empereur était en amour d'une incroyable gaucherie, qu'il aggravait, en voulant la dissimuler, par une brutalité frisant la rustrerie. D'où l'éloignement, voisin de l'aversion, que ces manières ont pu inspirer aux impératrices, comme à la plupart des femmes, d'ailleurs, de bonne heure habituées à placer leur idéal masculin dans une certaine correction de formes, vêtement commode à la médiocrité, mais qui gêne souvent le naturel ou le génie. Joséphine ni Marie-Louise n'aimèrent leur mari pour n'avoir su ni le comprendre, ni adapter, l'une sa fougue capricieuse et sa nonchalance de créole, l'autre sa raideur de fille des Habsbourg et sa mollesse d'Allemande bouffie, aux vivacités impétueuses d'un homme bien différent, en amour, de ce que l'une ou l'autre pouvait attendre ou même avait pu se figurer.

Il n'en subsiste pas moins qu'il les a aimées, comme il en aima, au moins un temps, deux ou trois autres, parmi lesquelles, en premier lieu, l'aimable, fière et fidèle comtesse Walewska. — Ce cœur implacable et fermé se serait donc parfois ouvert et attendri, aurait connu l'émoi de la passion, les angoisses du doute, le désespoir de l'amour impuissant ou trompé. Mais admettons que cela n'aît constitué qu'une exception ou une défaillance dans le développement de son caractère. N'y a-t-il pas trace chez lui de sentiments autres que l'amour et qui ne soient pas entièrement égoïstes ?

III

Un livre récent semble lui attribuer au moins l'amour de la famille, déguisé, il est vrai, sous le

nòm d'esprit de clan. Tous ceux des siens qui n'op-
posèrent pas leurs convictions personnelles ou leurs
sentiments intimes à la tutelle, parfois étroite, mais
presque toujours nécessaire qu'il prétendit leur imposer, bénéficièrent de sa prodigieuse fortune. De ses
quatre frères, trois furent rois. De ses sœurs, une fut
reine, les deux autres princesses régnantes.

Qui pourrait, d'ailleurs, lui contester son droit à
diriger, surveiller, blâmer, déposer même ces rois et
ces princes qu'il avait faits ? Le plus souvent sa légitime colère fit plier l'intérêt des siens devant l'intérêt
de tous. Il y aurait mauvaise grâce à le lui reprocher.

Au reste, les avanies qu'il infligea à ses frères ou
sœurs furent presque toujours méritées et ne peuvent
en aucune manière, être mises en balance avec les
immenses services qu'il leur rendit. Au début surtout,
quand le futur souverain de la moitié de l'Europe
n'était qu'un pâle, maigre, et chétif officier, il se
considéra toujours comme le chef d'une famille d'or-
phelins sans ressources, responsable de l'existence et
de l'avenir de tous les siens. Il fit même le miracle
d'élever son frère Louis avec sa solde de lieutenant,
en prenant sur le nécessaire et même, sacrifice plus
méritoire, en supprimant tout superflu, par un effort
de volonté dont l'héroïsme qui l'inspira n'eut d'égale
que la constance avec laquelle il fut soutenu.

Ses bienfaits furent, d'ailleurs, même par ses proches, souvent payés d'ingratitude. Sa sœur Caroline
alla jusqu'à projeter, Fouché et Talleyrand étant
complices, de le détrôner au profit de Murat. L'Empereur le sut, et pardonna. Souvent dur et sévère aux
siens, il ne les laissa jamais dans le dénuement. Le
bien-être ne fit pas défaut à leur disgrâce ou à leur
exil. Faible mérite, mais assez rare, même dans les
meilleures maisons. On sait comment Louis XIII laissa

mourir Marie de Médicis, veuve d'Henri le Grand, —
et mère du roi de France.

Madame Mère fut, au contraire au milieu de sa
Maison, entourée par son fils tout-puissant de respect,
d'égards et d'affection. On a voulu le nier et représenter tout autrement les relations qu'ils entretinrent.
On a reproché à Napoléon d'avoir écarté Létizia de la
Cour impériale. Il rougissait d'elle, dit-on, de la
simplicité de ses manières, de l'exotisme de ses vêtements, de son jargon corse, de son humble origine.
Il lui interdisait de se montrer et, quand il allait la
voir, il lui parlait souvent avec emportement, avec
violence, lui reprochant tantôt son avarice sordide,
tantôt sa cupidité. Il lui en voulait surtout de redouter
et de pressentir un changement de fortune, et il voyait
avec colère les précautions qu'elle ne cessa de prendre
contre le malheur au comble même de la prospérité.

Tout cela, exact au fond, est défiguré par une exagération voulue. Rien de plus naturel, en effet, que
Létizia ait évité une cour où elle se fût sentie dépaysée.
Rien de plus naturel et même de plus délicat, que son
fils lui ait épargné la légère humiliation qui s'attache
à certains ridicules. Les impatiences et les colères de
l'Empereur étaient trop promptes et trop vives pour
qu'il ait pu les contenir toujours, même en présence
de sa mère. Elles ne prouveraient nullement qu'il ne
l'eût ni respectée, ni aimée. Dans la famille comme en
amour, les discussions, les reproches, les scènes n'ex-
cluent pas nécessairement l'estime ou l'affection.

Quand il devint père à son tour, les sentiments qu'il
éprouva, furent, dans l'espèce, semblables à ceux de
tout homme en pareil cas, bien qu'exagérés par son
tempérament excessivement impressionnable et ma-
nifestés avec la véhémence qu'il dépensait dans
toutes ses démonstrations. Rien ne prouve, comme on

l'a perfidement insinué, que son affection pour son fils ait éclaté surtout après la séparation et dans l'exil. Elle devint plus mélancolique et plus touchante, et non pas plus passionnée.

L'orgueil dynastique, l'espoir immense dans l'avenir qu'apportait ce frêle enfant, la perpétuité qu'il semblait assurer à l'œuvre de son père, ne furent pas les seules causes de l'amour qu'il lui voua. Certes, le père et le souverain tressaillirent d'allégresse à cette illustre naissance, bien digne d'inspirer l'enthousiasme des poètes. Mais qui distinguera parmi les secrets mouvements de ce cœur d'homme et de roi, s'il bondit de tendresse ou d'orgueil ? Qui oserait surtout, sans une téméraire impiété, affirmer que l'orgueil l'ait emporté sur la tendresse ?

Comme frère, comme fils, comme époux et comme père, Népoléon ne fut pas un être d'exception, mais un homme semblable aux autres et dont les sentiments les plus purs furent mêlés du même alliage d'égoïsme, d'intérêt ou de vanité dont nous les altérons tous.

IV

Napoléon connut-il l'amitié ? Eprouva-t-il lui-même ou a-t-il jamais inspiré ce genre d'affection ? A ces questions on répond par des réticences équivalant à une négation. Il est certain que cet homme singulier vécut toujours beaucoup en lui et pour lui. Ecolier à Brienne, officier à Auxonne, général, consul, empereur, à la Malmaison ou dans l'exil, il aima et rechercha la solitude qu'il semblait même préférer à la société des hommes. Mais faut-il le mettre au compte de son « insociabilité ? »

Trop de circonstances l'expliquent, — son isolement à Brienne où il était étranger de figure, de caractère et de langage, son extrême pauvreté dans ses premières garnisons, sa prodigieuse activité plus tard et surtout la nature même de son esprit, essentiellement méditatif. Enfant, jeune homme et même dans sa maturité, il eut toujours des confidents habituels, des compagnons préférés, de véritables amis auxquels il porta une affection sincère et durable, qu'il ne persécuta jamais, qu'il ne délaissa même pas lorsque son amitié venait à se briser. Il ferma les yeux jusqu'à la fin sur les défaillances de Bourrienne et de Junot. Il n'oublia jamais que le premier l'avait aimé à Brienne et il se méprit sur le dévouement très intéressé du second. Lannes et Duroc conservèrent toujours, dans l'intimité, le droit de le tutoyer. Il fut longtemps l'inséparable ami de M. et de Mme de Rémusat.

Il semble même, si l'on s'en rapporte à la très forte argumentation de M. Arthur Lévy auquel nous devons beaucoup pour la rédaction de ce chapitre, il semble même qu'il aît su porter le fardeau si lourd et si embarrassant de la reconnaissance. Aucun de ceux qui l'aidèrent à ses débuts n'eut plus tard à se plaindre de lui et cet homme qui calculait si bien sa dépense personnelle fut toujours magnifique dans ses libéralités. On ne saurait, en revanche, lui reprocher aucun acte de noire ingratitude. Et il eut quelquefois la grandeur d'âme de reconnaître ses torts et de se réconcilier avec d'acharnés ennemis. Sans le voir meilleur qu'il ne fut, ne le faisons pas pire que la plupart d'entre nous. La sympathie pour ses semblables ne lui fut pas tout à fait inconnue.

N'oublions pas qu'il inspira des amitiés fidèles jusqu'à l'exil partagé sans espoir dans l'enfer de Sainte-Hélène, par des pères de famille qui passent pour de fort honnêtes gens et à qui il eût suffi, comme à tant d'autres, d'une pirouette pour continuer à repaître leur cupidité à la même mangeoire dorée.

Il est assez piquant, à propos de son « insociabilité », prétendue, de citer l'opinion d'un Anglais, ennemi-né de Napoléon qui, le jugeant avec autant d'indulgence que de liberté, lui accorde généreusement « toutes les qualités de l'homme privé ». La critique de W. Scott est sujette à caution, comme la valeur scientifique d'un ouvrage qu'il écrivit, Lamartine anglais, pour payer ses dettes. Mais il était presque contemporain de son héros et assez bien placé, par la haute situation qu'il occupait, pour en avoir souvent entendu parler à des témoins oculaires et dans un milieu plutôt hostile. Or, il ne tarit pas d'éloges sur le charme de Napoléon comme particulier. « Il n'est pas un seul d'entre nous, dit-il, qui ne l'aît souhaité pour ami. » On sait de façon plus certaine que le général Bonaparte, malgré sa mine chétive, en imposait, et savait plaire, en dépit de son air sombre et presque effrayant, par ses yeux brillants, sa voix chaude, la chaleur et l'éclat de ses improvisations. On lui accordait même un irrésistible don de séduction, qui s'exerçait de manières bien différentes, soit par l'impérieux pouvoir d'une volonté dominatrice, ou par la douceur infinie d'un regard qui ensorcelait.

Mais tout cela, dit-on, était le jeu d'un incomparable acteur qui se faisait, au besoin, tragédien ou comédien. On a même prononcé le nom de bouffon. Cela est fort possible d'un homme qui pouvait tout ce qu'il voulait. Mais pourquoi rechercher toujours l'explication la moins favorable et la plus détournée, sinon pour tout plier à une idée violemment préconçue ?

V

Si l'on met à part ceux qui furent mêlés à sa vie intime, ou ceux qui l'approchaient habituellement à la Cour, quels furent les rapports de Napoléon avec le commun des hommes, avec ses sujets, ses soldats, le peuple de Paris, par exemple ? Laissa-t-il soupçonner à ces petites gens les lacunes de son éducation ou les défauts de son caractère ? Celui qui fut, jusqu'à la fin, l'Empereur populaire et acclamé, se présentait-il en public sous l'aspect brutal et farouche qu'il conservait, dit-on, avec ses familiers ?

Remarquons d'abord comme cette opinion s'accorde peu avec la tradition, si vivante et si répandue chez nous, d'un souverain d'aspect, d'allures et de manières un peu débonnaires, brusque, il est vrai, mais volontiers tutoyeur et familier, tapotant les joues de ses grognards, prenant le menton ou tirant l'oreille aux femmes, d'une conversation vive, souvent enjouée et parfois funeste aux boutons d'habits de ses interlocuteurs. On n'a jamais contesté, en histoire, la valeur de la tradition. Pourquoi la rejeter tout entière en un cas où elle s'applique à un personnage très voisin de nous ?

Il est vraiment trop facile de contester l'existence réelle de ce Napoléon et de considérer le « petit caporal », le « petit tondu », « l'homme à la redingote grise » comme un personnage légendaire fabriqué de compte à demi par le chansonnier Béranger et le dessinateur Raffet. Où a-t-on vu se constituer une légende le lendemain de la mort d'un héros, alors que vivent encore les compagnons de celui qu'on divinise ? Les premières chansons de Béranger sont postérieures de dix ans à peine à la chute de l'Empire, et parurent au moment où Napoléon venait d'expirer. Le souvenir

du grand homme, ravivé par sa récente disparition, était dans toutes les mémoires. Usant de ses
droits de poète, le chansonnier s'inspira, sans doute
en l'embellissant, d'une tradition populaire qui avait
pu déjà se transformer en s'épurant. Mais aurait-il pu
imaginer de toutes pièces un Empereur très différent
du véritable, sans être taxé d'imposture et violemment
pris à partie par des témoins contemporains? Laissons une large part, dans œuvre, à l'imagination, à
la poésie, au fanatisme bonapartiste. Le portrait qu'il
a tracé n'en doit-il pas être moins vrai dans ses
grandes lignes? N'est-ce pas tomber dans un excès
au moins aussi condamnable, en rejetant toute cette
« légende », que d'accepter aveuglément et de tenir
pour exacts les écrits, postérieurs pour la plupart, de
gens sceptiques, rancuniers, jaloux le plus souvent,
presque toujours vieillis et désabusés et dont l'impartialité est très contestable, de Bourrienne par exemple
qui fit écrire en 1830 des mémoires évidemment
haineux, de Chaptal disgrâcié et ruiné, de Chateau-
briand, ancien ennemi personnel de Napoléon, et
dont on connaît la triste fin, abreuvée d'amertume et
de dégoût, de Metternich, précipité du pouvoir où il
semblait incrusté, de Mme de Rémusat, femme d'un
préfet de Louis XVIII, qui redoutait, en les écrivant,
la publication de ses souvenirs? Sans verser ni d'un
côté ni de l'autre, la simple équité nous fait, semble-
t-il un devoir, de prendre une moyenne exacte entre
l'exagération du culte populaire et la malignité peut-
être excessive de ces racontars de cabinet ou de salon.

Un fait prouve, d'ailleurs, que la personne de l'Em-
peur n'était pas foncièrement antipathique, même à
ceux qui vivaient assez près de lui pour le connaître
au moins superficiellement: c'est l'incontestable popularité qu'il conserva toujours dans la ville frondeuse

par excellence, et parmi la foule impressionnable et la plus mobile qui soit, à Paris.

VI

On lui a reproché d'autres défauts, graves assurément, mais qui sont le lot commun de notre humanité imparfaite : la jalousie, l'égoïsme, la cruauté. Ont ils dépassé chez lui la mesure ordinaire ? Rien ne le prouve évidemment.

Il perdit Moreau, dit-on, parce qu'il redoutait en lui un rival. — Certes, sa conduite vis-à-vis du vainqueur de Hohenlinden manqua de netteté et de franchise. Peut être essaya-t-il de le compromettre dans un complot organisé par sa police. Mais l'attitude de Moreau fut assez louche, sa tenue assez maladroite, pour qu'il tombât de lui-même dans le piège qu'on lui tendait. Cet homme qui prêta, puis retira son concours à Bonaparte, qui promit, puis refusa son appui à Pichegru, manœuvra précisément de façon à se compromettre et à donner d'excellents prétextes pour l'éloigner. Bonaparte se garda bien de sévir contre lui. Il lui suffit de s'en débarrasser, trop habilement, sans doute, et en cédant à une crainte exagérée de lui : car le faible et versatile général n'était pas de force à lutter contre son énergique adversaire.

C'est là, du reste, le seul exemple de jalousie caractérisée qu'on puisse reprocher à Napoléon. Encore les effets n'en furent-ils pas bien terribles. Il éprouva le même sentiment pour Masséna, Davoust et dit-on aussi pour Jourdan, les seuls généraux contemporains qu'on aît pu lui opposer, sans que cette rivalité secrète leur aît coûté bien cher à tous les trois.

Mettons hors de cause Jourdan qui paraît fini dès 1798, après son échec de Stockach, mais qui n'en fut pas moins envoyé auprès de Joseph, roi d'Espagne en

1809, comme major-général. Masséna pouvait porter ombrage à Bonaparte par son surnom d' « enfant chéri de la victoire ». Il fut en effet, tenu quelque temps à l'écart, mais on lui donna, en 1811, le commandement en chef de l'armée d'Espagne. Il fut de nouveau disgracié, en partie pour son échec, en partie pour ses malversations fameuses, que l'Empereur toléra longtemps. — Napoléon n'aurait jamais pardonné à Davoust son éclatante victoire d'Auerstaedt qui éclipsait le demi succès d'Iéna. Il le fit pourtant, en 1809, prince d'Eckmühl, lui confia, à Wagram, la direction du mouvement décisif et le nomma en 1815, ministre de la guerre, une disgrâce, évidemment : n'avait-il pas, à ce titre, le commandement suprême sur le territoire français, pendant que Napoléon était en Belgique ?

On pourrait ajouter à cette liste Bernadotte qui, toujours mécontent, mêlé à toute sorte d'intrigues, malveillant, indiscipliné, ayant failli tout compromettre en 1806, en 1809, fut toujours pardonné, excusé, récompensé autant et mieux que de plus fidèles. Et pourquoi cette longanimité si contraire au caractère de Napoléon ? Parce qu'il avait épousé une jeune fille que le général Bonaparte avait aimée. Singulier exemple de jalousie ! L'Empereur en aurait-il usé de la sorte avec lui, s'il eût possédé à un haut degré ce défaut, ou s'il eût été le cœur insensible, oublieux, l'égoïste vindicatif que l'on prétend ?

VII

« L'œuvre de Napoléon, a dit Taine, est l'œuvre de l'égoïsme servi par le génie. » Il y a là deux affirmations, dont nous discuterons la première, l'autre devant être examinée plus loin : c'est que, Napoléon fut un égoïste, et qu'en second lieu, son œuvre porte l'empreinte de ce défaut.

Nous avons relevé, dans son caractère, au moins quelques faibles traces et comme des germes à demi développés de sentiments « altruistes. » Taine lui accorde, dans son fameux portrait, une extrême sensibilité. Il reconnaît que chez cet homme extraordinaire, tout était excessif. En lui grondait sans cesse un orage intérieur dont sa volonté toute puissante réprimait les éclats, mais qui s'échappait parfois en éruptions furieuses ou s'exhalait en cris, en sanglots, en véritables accès d'hystérie. Un rien suffisait à déchaîner la véhémence de ce tempéramment fougueux et impressionnable à l'extrême. La colère n'était pas sa seule manifestation. S'il s'abandonnait rarement à la joie, il ressentait vivement la douleur. Comment accorder cela avec un profond égoïsme ? On pourrait dire que l'Empereur ne s'apitoyait que sur ses propres maux, ou que ses crises n'étaient que réaction des nerfs, simple détente organique. — Est-ce sur ses malheurs qu'il s'attendrissait quand il pleura tout une nuit auprès de Joséphine, avant de la quitter, au point que leur lit, dit-elle, était inondé de ses larmes, ou quand il frissonna d'horreur en contemplant le champ de carnage d'Eylau ? L'excès de fatigue intellectuelle prédispose, il est vrai, à une sensibilité pour ainsi dire mécanique. Mais pourquoi tout expliquer par l'exception et ne jamais admettre les règles communes en reconnaissant, par exemple, que la sensibilité de Napoléon était aussi extraordinairement développée que la plupart de ses facultés et qu'il fallait pour la contenir, l'effort énergique et la perpétuelle contrainte d'une volonté que rien, lorsqu'elle s'appliquait à un objet, n'aurait pu arracher à sa tenace appréhension ?

VIII

Cette volonté elle-même lui a été un sujet d'éloge ou de blâme, suivant les dispositions de ceux qui l'ont étudiée. Toute une école, procédant de l'italien Gioberti ou de Maurice Barrès, la propose à notre admiration, et même à notre imitation. Napoléon arriva si haut parce qu'il sut vouloir à une époque où les révolutions avaient fait s'entre dévorer les hommes de volonté énergique, ou parce qu'il voulut toujours et jusqu'au bout dans un pays où l'on ne sait vouloir que par accès et par saccades. Cela est très exact, mais conduirait à faire de l'Empereur une manière de « struggle for lifer » politique, c'est à dire précisément un égoïste opérant sur un peuple, et non sur des individus. Or, Napoléon à qui le souverain pouvoir vint du consentement des autres, autant qu'il l'usurpa, eut-il à « lutter » beaucoup pour en éliminer ses rivaux possibles ? La « sélection » s'était effectuée avant lui, et les évènements le poussèrent à sa place tout autant qu'il s'y mit lui-même. Sa volonté fut d'une énergie et d'une constance admirables ; mais, à elle seule, elle n'explique pas sa prodigieuse fortune. Il voulut certainement le pouvoir, mais il voulut, au moins au début, le bien et la grandeur du pays qui le lui donna. Il travailla, tout d'abord, pour la France autant que pour lui. Son égoïsme serait l'égoïsme d'un homme d'Etat. Or, qu'est-ce qu'exactement ce genre d'égoïsme ? N'y a-t-il pas dans le terme même, une évidente contradiction ?

Prétendre expliquer l'histoire de Napoléon par le miracle d'une énergie qui ne serait jamais démentie, se tendait à raison des difficultés, s'exaspérait à ses échecs sans se restreindre à ses succès et préféra, sur la fin, selon le mot de Marmont, « tout perdre que de rien céder », serait croyons-nous, une vue incomplète, si on n'apercevait, en cet être de volonté inflexible, un homme d'ardente passion et de sensibilité exaltée. Pour nous, ceux-là ont vu juste qui dirent que Napoléon aima la France « comme une maîtresse. » Non-seulement il voulut la posséder, mais il la voulut plus belle, plus riche, plus glorieuse que toute autre. Il se préoccupa de lui plaire, s'ingénia à la flatter, ne put se résoudre à la perdre. Il la malmena parfois, eut la main rude avec elle, usa et abusa de sa complaisance et de son bon vouloir. Quand il l'eut perdue il lui fallut la reprendre. Est-ce à dire qu'en la plongeant, par son retour, dans de nouveaux malheurs, il se sait égoïstement préféré à elle ? Non, c'est que simplement il ne pouvait plus vivre sans elle. Pourquoi rejeter le témoignage solennel de ses dernières paroles ? Il aima le peuple français, non pas comme un ravisseur sa proie, pour le profit qu'elle lui rapporte, mais pour ce peuple et pour lui-même, avec le mélange d'égoïsme et de désintéressement qu'il y a dans toute passion sincère et profonde. C'est encore de l'égoïsme et c'est déjà mieux. Tous les psychologues d'aujourd'hui ne placent-il pas, dans l'amour, le passage et la transition entre nos affections individuelles et « altruistes ? »

Si l'on considère que, même dans la poursuite de ce pouvoir, objet de ses désirs, même dans la jouissance de ce qu'il avait tant convoité, Napoléon ne fut pas, en somme, un « homme heureux », verrons-nous là le châtiment qui frappe ceux qui ont travaillé exclusivement pour eux-même ? Voilà encore un point de vue trop systématique et étroit. Le bonheur lui fit défaut, comme à tout homme qui le plaçant ailleurs que dans la modération de ses désirs, finit par le perdre en le voulant toujours plus complet et plus grand.

L'égoïsme contestable de Napoléon ne dirigea pas le développement de son génie. C'est au contraire l'expansion trop libre et illimitée de ses rares facultés qui le rendit assez exclusivement et violemment personnel pour qu'on aît pu le taxer d'égoïsme. Mais ne confondons pas en lui l'homme et le souverain. Aussi bien, le chef d'Etat y effaça-t-il bientôt l'homme, sans l'abolir. La chronologie et la vérité réclament cette distinction importante.

Pour le moment, nous pouvons adopter l'opinion qu'un remords de vérité dicta à l'ingrat Bourrienne : « En dehors de la politique, il était généreux, sensible et bon. » On objectera qu'il en sortit rarement. Mais puisque nous étudions ici l'homme, enregistrons cet aveu. Gardons-nous de conclure de l'égoïsme du fondateur à la tyrannie du système. Tout au plus pourrons-nous dire, après examen, qu'un homme naturellement bon devint, dans et par l'exercice du pouvoir, un despote.

LE SOUVERAIN

A trente ans, Bonaparte était Premier consul, plus et mieux qu'un Président de la République ; à trente trois, Consul à vie ; à trente-six, Empereur héréditaire ; à trente-huit, le plus puissant chef d'Etat de l'Europe. L'homme public, en lui, recouvrit de bonne heure l'homme privé. Par dessus son caractère individuel, tel que l'avait fait la nature, se constitua un caractère acquis, et presque improvisé, de souverain. Il changea avec sa fortune et le pouvoir ne semble pas l'avoir amélioré. Après Tilsitt, il s'égare. Depuis Baylen, un an après son apogée, il commence à redescendre l'autre versant et ses erreurs semblent justifier sa chute. La preuve qu'il se gâta, c'est que le premier éditeur de sa correspondance, son neveu le prince Napoléon, désireux qu'il gardât devant la postérité la figure sous laquelle il se fût présenté lui-même, n'avait trouvé, de 1799 à 1807, que cent soixante lettres à retrancher des autres. L'éditeur récent, M. Lecestre, n'en a pas rétabli moins d'un millier supprimées par le prince pour la même durée de huit ans, de 1807 à 1815. Il est certain que le souverain, en Napoléon, ne vaut pas l'homme. Vaut-il aussi peu qu'on l'a prétendu?

I

Dans un chef d'Etat, il peut y avoir un général, un administrateur, un politique. Le politique emploie pour régner ou gouverner, des procédés plus ou moins bons ou répréhensibles. Il a aussi une plus ou moins belle attitude de souverain. — Napoléon se place au premier rang pour l'administration et la guerre. Son génie politique est assez contesté. Il mit parfois en jeu de mauvais ressorts de gouvernement. Comme souverain, il ne fait pas belle figure. On l'a trouvé brutal jusqu'à l'odieux, ridicule jusqu'au grotesque. Ne l'a-t-on pas nommé un « Jupiter Scapin? » Examinons-le d'abord en ses faiblesses. On lui a reproché surtout son défaut de scrupules en politique, et son manque absolu de charme, de noblesse et même de dignité royale.

Il fut implacable à tous ses adversaires politiques, ennemis étrangers ou opposants français. Pour la Prusse, il fut impitoyable; perfide avec la Russie. Il voua à l'Angleterre une haine inexpiable, il déploya contre l'Espagne un acharnement injustifié. Vis à vis du Pape, il se laissa aller à une odieuse contrainte morale. Mais c'est la politique humaine que tout cela et ses rivaux, s'ils eussent été les plus forts, l'auraient égalé ou dépassé en violence et en hypocrisie. On le vit bien quand il commença de tomber. Nous en reparlerons, d'ailleurs, au chapitre des relations extérieures. Il ne faut pas chicaner la diplomatie d'autrefois ou d'aujourd'hui sur le choix des moyens qu'elle emploie.

Pour ses sujets il fut souvent dur et vindicatif. Son despotisme prit la forme de l'arbitraire qui nous paraît, à juste titre, la plus insupportable des tyrannies. On ne peut excuser, aujourd'hui surtout, les procédés inquisitoriaux dont il usa, sa police politique et les arrestations injustifiées, les détentions illégalement prolongées qu'il ordonna, l'internement de ses contradicteurs dans des maisons de santé, l'exil des opposants, la violation des procédures de la justice, la réformation de ses arrêts, le silence imposé à la presse, la destruction progressive de toutes les garanties péniblement conquises par une terrible révolution. Mais tout cela ne doit-il pas être reproché, aussi bien qu'à l'homme qui le fit, au temps où il vivait, aux mœurs séculaires de ses compatriotes, à leur lâche et longue complicité, au régime enfin qu'ils appelèrent, approuvèrent et soutinrent longtemps, au césarisme plutôt qu'à César lui-même ?

Il s'inspira, dans son gouvernement intérieur, de raisons politiques que nous exposerons plus loin, et de sentiments que l'on devine aisément. — Notons, d'abord, que la notion des droits individuels, bien que complète en 1791, n'était nullement passée dans les mœurs en 1800. Ce qui le prouve, c'est justement la facilité avec laquelle la Nation, plusieurs fois consultée, délégua le plus précieux de ses droits, la souveraineté, à l'homme qui en avai déjà suspendu le libre exercice. En second lieu, la France et Bonaparte vécurent longtemps hantés par le double cauchemar

d'une seconde Terreur ou d'une Restauration.
A cela, on préféra tout, même le retour d'un despotisme qui garantissait au moins le pays contre ces
dangers redoutables. Ajoutez la défiance inévitable
chez le détenteur d'un pouvoir que le temps et l'hérédité n'ont pas consacré et on aura les causes psycho-
logiques de la tyrannie ombrageuse où aboutit bientôt Napoléon. Elle ne pesa sur le pays qu'une dizaine
d'années. Peut être ce délai était-il nécessaire à l'établissement du nouveau régime. Quand les anciens
recouraient à un législateur, ils lui laissaient toujours
le soin d'appliquer le premier la loi qu'il avait faite
et ils lui déléguaient, pendant cette période d'essai, la
dictature pleine et entière. L'absolutisme de Napoléon
peut bien n'avoir été qu'un retour inconscient à une
nécessité qu'acceptait la sagesse antique.

On a reproché à Napoléon un grand crime politique : le meurtre juridique de l'infortuné duc
d'Anguien, ordonné par le Premier consul contre une
victime désignée d'avance et enlevée par ses soldats, au
mépris du droit des gens, sur un territoire étranger,
à Ettenheim, dans le duché de Bade. Bien des obscu-
rités subsistent encore à propos de ce célèbre procès
et nul document n'éclaircira suffisamment un drame
intime qui se précipita en quelques heures dans la
conscience de Bonaparte.

Tout d'abord, l'exécution du malheureux prince fut-
elle longuement et froidement préméditée, réglée dans
ses détails avant le jugement lui-même ? Rien ne le
prouve, qu'une note très contestée de Talleyrand,
désignant ce dernier comme complice de l'attentat, et
que la plupart des historiens récusent. Reste, il est
vrai, une grave présomption. Le complot royaliste
dans lequel on impliqua le duc aurait été, sinon forgé,
au moins surveillé, amorcé par la police et conduit

vers un dénouement prévu par des agents, non pas provocateurs, mais, dirons-nous, « dérivateurs », qui auraient entraîné vers un piège ceux dont ils se disaient les complices.

Cette opinion est infirmée par d'autres circonstances du procès. Le duc était, en effet, soupçonné de correspondre avec Dumouriez que les rapports de police confondaient avec un « de Thumery » officier émigré. On croyait en trouver la preuve dans ses papiers qui furent saisis avec lui. Ils prouvèrent jusqu'à l'évidence qu'Anguien était étranger à l'un et à l'autre des complots supposés. Dès lors, Bonaparte aurait dû le laisser fuir, seul moyen qu'il eût de s'excuser d'avoir violé le territoire badois.

Mais un terrible concours de circonstances perdit le prisonnier. Sa présence à Ettenheim, à deux pas du territoire français, autorisait les soupçons les plus graves sur ses véritables intentions. De plus, le premier Consul croyait, non sans raison, sa vie menacée. Les mêmes royalistes qui s'étaient rendus coupables, en 1800, de l'horrible attentat de la rue St-Nicaise, ne pouvaient-ils pas en vouloir à ses jours, au moment même où il ruinait toutes leurs espérances en ceignant la couronne ? Contre ces ennemis, combattant en désespérés, il agit de même, en homme qui tue au hasard, pour ne pas être tué. Il sentait menacées, avec sa vie, la Révolution et la France. Il tomba dans l'injustice suprême en appliquant la loi suprême du salut de l'Etat.

Il avait sous la main un moyen terrible, mais décisif, de consommer la séparation entre les Bourbon et la France, alors personnifiée en lui. L'exécution du duc rendait irréparable une scission nécessaire entre le pays et l'ancienne famille royale. Bonaparte hésita, puis il se décida à verser ce sang expiatoire. Il y était déjà porté par la légitime colère d'un homme qui sait son existence en danger. La raison d'Etat acheva de vaincre ses scrupules. Le duc d'Anguien innocent mourut pour la même raison qui fit mourir Louis XVI, cette autre victime, à son point de vue, innocente. Le crépitement sinistre de la fusillade de Vincennes fut le dernier et tardif écho de l'odieuse et fatale Terreur. Ce ne fut pas une faute et ce n'est pas tout à fait un crime, mais bien plutôt l'effet d'une triste fatalité.

Le duc fut, d'ailleurs, légalement condamné, en vertu des lois existantes pour avoir, étant émigré, porté les armes contre la France dans une armée étrangère, — faits qu'il reconnut et revendiqua comme un honneur et un droit bien qu'on l'eût prévenu, en termes précis, des conséquences qu'entraînerait ce plaidoyer et cet aveu. Même à son lit de mort, l'Empereur ne regretta pas cette mesure de rigueur. Il a paraphrasé, à ce sujet, dans son testament, le vers fameux :

> Je le ferais encor, si j'avais à le faire.

Juridiquement, on ne peut lui reprocher que la violation brutale d'un territoire ami. Cette réserve essentielle admise, on ne peut qualifier de crime un acte résolu dans une heure d'emportement et que des intérêts supérieurs rendaient presque nécessaire.

III

La vie privée du Souverain n'est pas, chez Napoléon, digne de grands éloges.

On s'est beaucoup récrié contre la rigoureuse, sèche et morne étiquette de la Cour impériale. Elle rappelle, semble-t-il, plutôt la rigidité formaliste de la discipline militaire que l'aristocratique souplesse de l'ancienne « domesticité » de nos Rois. — Il est vrai que Napoléon resta toujours un peu le général Bonaparte.

A

Mais il est très admissible aussi qu'il ait voulu faire, comme Louis XIV, de la religion monarchique, gme et culte à la fois, un ressort et un principe de gouvernement. L'orgueil du Maître n'aurait-il pas été secondé, provoqué peut-être par la servilité des valets ? On raconte de Berthier une anecdote caractéristique. Le brave, fidèle, mais borné chef d'état-major se serait attiré une sortie foudroyante, et qui l'accula au mur, pour avoir prématurément salué le Premier consul du titre de Roi.

On a vivement critiqué, d'après Mme de Rémusat, son attitude, à la Cour, vis-à-vis des femmes. On lui reproche des paroles et même des actes d'une grossièreté inouïes, dont il y a, en effet, d'assez nombreux exemples et qui décèlent en lui, un manque absolu d'éducation, de sens et de charité. Rien d'étonnant que le terrible politique, pour qui la vie de l'homme comptait si peu, ait compté pour rien les charmes de la femme. Mais il n'était pas toujours tel qu'on nous l'a dépeint. Il est probable qu'avec les femmes aimées, il changeait de ton et de conduite.

Napoléon était, dit-on encore, brutal dans ses manières, intolérable dans ses injures, effrayant dans ses colères. — Mais ne s'adoucissait-il pas aussi, ne s'humanisait-il pas par moments, ne savait-il pas récompenser aussi bien que punir ? S'il fut parfois dur et cassant envers ses serviteurs et ses amis, c'était surtout en paroles dont il savait réparer d'autre façon le mauvais effet. Il ne les repoussa le plus souvent, que lorsque leur attachement, devenu trop intéressé, risquait de compromettre, par des exigences croissantes et renouvelées, le bon ordre de nos finances, c'est-à-dire l'intérêt général. L'on sait pourtant comme il fut prodigue envers eux et quelles royales fortunes ils amassèrent à coup de dotations permanentes ou de dons successifs. Il faut oublier ou ignorer ces enrichissements scandaleux, dont l'effet est encore visible, pour accuser leur auteur ou leur complice d'ingratitude envers ses amis.

Ce sont défauts répréhensibles, même chez un souverain. Mais si la sympathie en est diminuée, qu'il nous inspire, l'estime commandée par ses grandes actions, n'en n'est pas atteinte. Elle résiste même à des reproches plus graves, comme celui que notre temps lui adresse avec le plus d'acrimonie, et qui est d'avoir méprisé les hommes.

IV

Napoléon méprisa l'humanité, et ne se cacha point de ce mépris. Il en arriva, comme Frédéric le Grand, qui lui ressemble tant, à nier la vertu des femmes, pour qui « l'adultère n'est qu'affaire de canapé », ou l'honnêteté des hommes, qu'il croit réglée sur leur intérêt. Ce fut sensible après 1808.

Il est certain qu'avec l'extension de son empire, l'aggravation de ses charges et de sa responsabilité, les soucis de ses premiers revers, l'imminence de sa chute prochaine, son caractère s'aigrit, devint irritable à l'excès, farouche, peu sociable, insupportable à ceux qui l'entouraient. C'est alors, mais alors seulement qu'il se montra tel qu'on nous l'a décrit: toujours mécontent, ne louant jamais, lassant les meilleures volontés, décourageant les dévouements les plus fidèles. Il se laissa aller à son funeste penchant à tout rabaisser, et à mépriser tout le monde.

Il eut certainement tort d'étaler un sentiment qu'éprouvent les trois quarts des politiques, mais qu'ils mettent ordinairement un assez grand soin à dissimuler. Trop impatient pour se contraindre, trop redouté pour être contredit, il devint d'une exigence et d'une sévérité intolérables. Mais le mépris qu'il versa sans mesure à ses serviteurs ne fut pas toujours injustifié. On sait comment ils surent détacher peu à peu leur fortune, qu'il avait faite, de la sienne, qu'ils laissèrent tomber. Dès 1808, à Erfurth, Talleyrand conspire et s'entend avec l'étranger. Plus tard, ils seront légion à pactiser avec l'ennemi, sur notre territoire envahi et occupé par les Prussiens et les Cosaques. Courbés jusqu'alors sous une main puissante, ils ne se redressèrent que quand elle faiblit. Les plus dociles à son pouvoir furent les plus insolents lors de sa chute et redevinrent les plus serviles aux pieds de son successeur. Peu d'entre eux eurent la patience et la dignité de s'abstenir et d'attendre : ils se ruèrent au devant du Maître nouveau. Et qu'on ne l'accuse pas d'avoir récolté la trahison en semant le servilisme. Ce n'est pas en 1814 et 1815 que Talleyrand, Fouché, et les autres auraient dû se montrer arrogants et revendiquer hautement leur indépendance. Ils en auraient trouvé de 1800 à 1805, avant l'établissement de l'Empire, une bien meilleure occasion, dont bien peu osèrent profiter. Napoléon méprisa le plus souvent des gens méprisables et qui étaient bas avant que son despotisme ne les eût abaissés.

V

Il n'en fut pas moins coupable, du reste, de n'avoir pas respecté en eux la dignité humaine, même absente. Mais de cet attentat il n'est pas entièrement responsable. Sans aller jusqu'à contester l'unité de la loi morale, au moins doit-on reconnaître qu'il faut se placer, pour en juger les infractions, à de nombreux points de vue. Aux fautes, aux excès, aux malheurs de Napoléon, il est une autre explication que son égoïsme. Il fut victime de la prospérité inouïe où il parvint, et c'est dans sa prodigieuse élévation qu'il faut chercher les causes de sa chute. L'absolutisme devient un mal pour qui l'exerce autant qu'une souffrance à qui le subit. Il porte en lui son expiation, sa « Némesis », auraient dit les Grecs, sa légitime compensation. C'est là un fait banal que releva la sagesse humaine dès sa première expérience, et comme une sorte de cas de pathologie morale dont on peut préciser l'origine, les causes, les symptômes, les progrès et les suites.

Depuis le Nabuchodonosor et le Salomon de la Bible, en passant par Cambyse et Xerxès, et même par le Grand Alexandre, à travers la série des Empereurs romains, Néron surtout, et byzantins, jusqu'aux souverains modernes, à Henri VIII d'Angleterre, Philippe II d'Espagne, Louis XIV et Napoléon, nous assistons invariablement au même spectacle. Chacun de ces règnes comprend deux parties, le plus souvent égales et tranchées avec une rigueur étonnante. Dans la première l'absolutisme d'un bon prince répand largement ses bienfaits. La seconde est remplie des maux qu'engendre le même régime sous un souverain que fatalement il a rendu mauvais. Les « délices du genre humain » en deviennent le fléau et l'horreur. Une vie heureusement commencée, un règne inauguré sous les couleurs les plus brillantes sombrent dans la folie, dans la débauche ou dans le sang. Cette loi est inexorable parce qu'elle est juste et naturelle.

Le roi à qui tout sourit à ses débuts, à moins qu'il ne soit un philosophe couronné, résiste rarement au poison que verse la toute-puissance. Après avoir fait tout le possible, il veut réaliser l'impossible. Comme rien n'arrête sa volonté, rien ne borne ses désirs. Si son caractère est faible, il devient aliéné. S'il est cruel, ce sera un monstre altéré de sang. S'il a du génie, il voudra conquérir le monde. A y regarder de bien près, rien de plus logique, de plus inévitable et de moins étonnant que cela.

Prenons l'exemple de Napoléon. Un homme paraît, d'un effrayant génie, d'une énergie indomptable. Il ramasse sans peine un sceptre qui traînait. Rien ne s'oppose à lui, on l'acclame, on l'adore. Les circonstances ouvrent à son activité un champ pour ainsi dire illimité. Est-il possible, est-il *humain* que de lui-même il se restreigne et se modère? On lui a toujours accordé plus qu'il n'a demandé. Se privera-t-il d'exiger même ce qu'on ne lui offrira plus? Quoi qu'il obtienne, ou qu'il arrache, rien n'épuise la capacité de son génie. Il est toujours supérieur à sa chance. Insensiblement, inévitablement ce maître absolu tourne au despote. Peu à peu se revèlent en lui les traits qui caractérisent le despotisme, en lui-même et dans ses effets extérieurs. Il a les vices de ce régime, et il n'échappe pas à ses travers. Il sera violent plus qu'Alexandre. Il sera comédien autant que Néron. Comme Henri VIII, il est avide. Ainsi que Louis XIV, il finit par se noyer dans le détail. Autour de l'Empereur comme autour du Grand Roi, il se produit une pénurie d'hommes. Leur moi absorbe tout l'Univers. A ces traits communs, il ajoute sa marque propre. Le Grand Napoléon vient de nous être révélé comme un incomparable policier! S'étonner de ces changements serait mal connaître l'âme humaine et l'histoire. L'Empereur ne fut pas un souverain dont le pouvoir décela le despotisme latent. Il fut despote parce que les évènements le firent tel, et ne pouvaient le faire autrement.

Napoléon garde, comme tout homme, la responsabilité de tous ses actes. Il eut tort, dans l'exercice du pouvoir, de laisser s'annihiler certaines de ses qualités et s'aggraver certains de ses défauts. Mais c'était chose inévitable et conforme à la loi commune. Lui reprocher d'avoir subi cette loi, c'est d'abord prétendre qu'il fût sans défauts et exiger ensuite qu'il aît dû rester, dans l'enivrement de la prospérité et de la gloire, toujours maître de lui-même, c'est-à-dire demander qu'il fût plus qu'un homme. D'autre part, la responsabilité de ses fautes doit être en partie déplacée et reportée soit sur le détestable régime qu'on lui permit de rétablir, soit plutôt sur ceux qui l'y poussèrent. Et ceux-là furent tous les Français d'alors qui, aveuglés par leur admiration pour lui et trompés par leur inexpérience, lui témoignèrent une confiance excessive dont ils le laissèrent même abuser. L'évènement montra l'inconvénient et les dangers du despotisme, mais non que Napoléon fût incapable ou indigne d'exercer le souverain pouvoir.

Nous verrons qu'il en abusa moins qu'on l'a prétendu, car le sfautes attribuées à Napoléon, s'il y a certainement sa part, furent aussi les fautes de beaucoup d'autres. Il en abusa moins que la plupart des princes absolus, car si on peut lui reprocher des excès et des erreurs en politique, au moins n'a-t-il jamais attenté gravement à l'humanité. Ce fut un despote, mais non pas un tyran, un souverain dangereux peut-être, mais non pas un « monstre. »

<h2 style="text-align:center">VI</h2>

Un tyran est, croyons-nous, celui qui avec peu ou point de bien, a fait beaucoup de mal, pour le plaisir d'en faire et pour contenter un goût féroce, sans cesse renaissant et toujours inassouvi. Or, Napoléon n'a pas laissé de faire quelque bien. Et si l'on mesure la cruauté d'un homme au sang versé en dehors de champs de bataille ou aux tortures imposées, avant le supplice, dans l'ombre silencieuse des prisons, il faut reconnaître que les exécutions furent très rares, à son époque, et les condamnations presque toujours légales et régulières. Il y eut moins de sang versé dans tout son règne qu'en une seule des journées de la Révolution, et moins d'atrocités commises ou tolérées que dans l'année de la Chambre introuvable. Le 18 brumaire ne coûta la vie à personne. Le retour de l'île d'Elbe ne fut suivi d'aucun châtiment et n'entraîna que peu de disgrâces. Gouvernement mis à part, Napoléon eût-il un tempérament de tyran ?

Pour nous, cette pensée de W. Scott est profonde : L'Empereur n'abusa pas de l'absolu pouvoir, qu'il détint dix ans, pour faire souffrir qui que ce fût. Faible mérite ? Mais qui connaît l'enivrement que doit verser le despotisme ? A l'estimer par l'orgueil des sots parvenus, la cruauté des mauvais riches, la tyrannie des patrons sans humanité, le cynisme de tels directeurs de grands ateliers de femmes, comment ne pas être reconnaissant à l'Empereur de tout le mal qu'il n'a pas fait ?

Homme ou souverain, il nous présente, comme tout autre, un mélange de défauts et de qualités dont il est aussi malaisé de déterminer la dose exacte qu'il est facile de la faire varier au gré de ses préférences ou de ses préventions. — Mais à ces humaines faiblesses ne pourrait-on accorder quelque indulgence ?

VII

S'il s'agissait d'expliquer et d'excuser, plutôt que d'attaquer et d'accuser, peut-être trouverions-nous des circonstances atténuantes. — N'oublions pas que l'Empereur s'occupait en personne de tous les détails de l'administration de ses Etats, donnant au travail jusqu'à dix sept heures par jour. Que cette extrême tension d'esprit, poursuivie à travers des préoccupations constantes et variées, aît fini par influer sur son caractère et sur son humeur, aît même rompu l'équilibre de ses facultés, on l'admettra facilement, surtout si l'on croît à la parenté souvent affirmée du génie et de la folie. Le grand homme qui peut le plus justement être comparé à Napoléon, Jules César, payait sa supériorité de fréquentes attaques d'épilepsie. Pourquoi n'admettrait-on pas, dans notre César, au moins le germe d'une semblable affection ?

Si ses terribles colères nous sont si bien connues, c'est qu'il vécut pour ainsi dire, en public, au milieu de sa Cour et dans la présence continuelle de quelques familiers, sans presque connaître ni goûter le privilège banal de la vie personnelle et intime des simples particuliers. Sans cesse surveillé, observé, il prit l'habitude, bientôt fortifiée par le silence respectueux et tremblant de son entourage, de s'abandonner sans réserve à ces accès d'humeur, à ces éclats de joie enfantine et parfois blessante, que nous épargnons ordinairement au public pour les déverser, avec une prodigalité plus ou moins grande, une fois enfermées chez nous, sur nos proches tout destinés, semble-t-il, à les essuyer.

Au reste, Napoléon ne se piqua jamais d'offrir en sa personne un objet d'études au psychologue ou un modèle au moraliste. Ce grand homme ne fut même pas un homme bien élevé. Tout lui manqua pour cela, les occasions, la volonté, le temps surtout. Il n'eut jamais loisir de cultiver son *moi*, de polir ses manières, d'introduire dans sa vie cette unité harmonieuse, ce tact exquis, ce goût parfait, cette perpétuelle direction de soi-même, cette justesse et cette venance, qui deviennent naturelles, de pensée et d'expression, l'idéal d'un beau caractère d'homme ou d'un noble tempérament de roi : idéal qu'atteignit Louis XIV par la toute puissance de l'hérédité, du naturel et du milieu réunis ; où Napoléon, privé de ces avances précieuses, ne put ni ne voulut s'élever et qui réclame d'ailleurs, pour être réalisé, un reploiement sur soi-même, une certaine complaisance à s'étudier, dont l'Empereur, certes, n'eût pas été incapable ; mais aussi une persévérance de soins peu compatible avec sa nature primesautière ; enfin une sorte d'égoïsme élégant et discret où ne put jamais s'enfermer un homme qui, toute sa vie, dut s'occuper des autres.

Mais s'il n'eut ni le temps ni le souci de se composer pour sa satisfaction ou celle de ses biographes, une figure vraiment impériale et une attitude noblement historique, s'il est vrai qu'il nous aît laissé un exemple de plus de l'union, en un grand homme, d'un caractère médiocre avec les plus rares facultés, passons-lui condamnation sur ce point. Qu'est cette petitesse de manières en regard de l'immensité de son génie ? Et n'est-ce pas d'après son esprit qu'il faut le juger en tant qu'homme, de même que l'étude seule de son œuvre nous permettra de l'apprécier comme souverain ?

L'ESPRIT

On nous paraît abuser du procédé prétendu scientifique dont l'usage, introduit en histoire par Michelet, adopté et consacré par l'école naturaliste, favorisé par le penchant au commérage qu'exploite le journalisme et que fortifient, sciemment ou non, les ramasseurs

et éplucheurs de petits papiers, consiste à « désha-
biller » les grands hommes, pour les ausculter, s'ils
sont vivants, ou les disséquer après leur mort, dans
l'intention louable, mais dangereuse, de les connaître
tout entiers, d'expliquer leur conduite par leur caractère, leur caractère par leur tempérament, leur tempérament par leur état physiologique ou pathologique,
tout leur esprit en un mot par tout leur corps.

Des objections peuvent être faites à cette méthode
où perce une affectation d'égalité basse et envieuse à
ramener tout ce qui est exceptionnel au niveau commun. — Il nous semble que l'on doit étudier en un
grand homme, ce qu'il a de grand, ce par quoi il
diffère des autres et non les petitesses de toute sorte
par où il se confond avec eux. — En second lieu,
la théorie visée ici repose sur cette induction insuffis-
samment vérifiée et dont la vérification nous semble
difficile : « il y a correspondance étroite, corrélation
nécessaire entre les divers étages de notre personnalité : moralité, intelligence, tempérament, sensibilité : »
principe dont la témérité ressort au simple énoncé.

On a relevé en Napoléon des tares physiques ou
morales. Son esprit en doit-il être, par contagion,
affecté ? — Ici Taine lui-même proteste et admire. La
sensibilité est maladive. Mais le cerveau est parfaite-
ment sain. Laissons-nous, aller à décerner quelques
éloges. Après les discussions de tout à l'heure,
cela pourra sembler intéressant ou simplement équitable. Le sens de l'admiration n'est pas moins utile
à exercer que le sens critique.

<h2 style="text-align:center">I</h2>

Or, s'il fut jamais un admirable esprit, appliquant
avec fermeté la plus sûre méthode de travail, c'est

sans contredit celui-là. — Il devait beaucoup à la Nature. L'époque où il vécut lui donna beaucoup aussi. En revanche, il ne retira pas grand profit de la première éducation qu'il reçut. Ses étonnantes aptitudes se développèrent, en un milieu favorable, d'elles-mêmes, et plus tard, dans le sens où, dès le début, elles étaient tournées.

Car, si grandes qu'elles soient, elles sont pourtant limitées. Napoléon ne fut ni un grand penseur, ni un grand savant, ni un esprit encyclopédique, ni un littérateur distingué. Son style, franchement mauvais au début, gâté par tous les défauts du temps, — emphase, redondance, sensiblerie, — ne peut être donné comme un modèle de justesse dans l'expression ou d'originalité dans la pensée, bien qu'on y sente le frémissement d'ardentes passions, qu'on y perçoive le ton bref du maître impérieux et la flambée d'enthousiasme du général vainqueur, ou encore qu'il nous révèle dans les écrits adressés aux soldats et aux grand public, une connaissance approfondie et l'entière possession des moyens oratoires, puissants mais grossiers, qui conviennent à ce genre de lecteurs. — Son génie tout entier fut tourné vers l'action. Il organisa puissamment, pour vivre et se développer, des forces éparses et inertes. Il fit servir ces forces organisées à l'exécution des plus vastes et des plus étonnants desseins.

II

Deux qualités dominantes s'annoncent de bonne heure en cet esprit : la puissance imaginative, et la force de déduction. Le jeune Bonaparte, enfant appliqué et sérieux, mais élève moyen, parce qu'il est gêné par sa connaissance imparfaite du français, réussit

surtout en géographie, astronomie et mathématiques.
Il se figure nettement les objets matériels, et il sait
raisonner. Il développera plus tard cette dernière
faculté, par l'habitude de la méditation personnelle.
Alors, il lit beaucoup, mais choisit mal ses auteurs.
Peu importe : le texte n'est pour lui qu'une invitation
à penser, le livre, un point de départ. Il dépasse l'idée
de l'écrivain, la prolonge, y rattache toutes ses conséquences, rayonne autour d'elle dans tous les sens.
Puis il se replie sur soi-même, *repense* pour son
compte la même idée et, comme on le voit à ses anno-
tations, substitue souvent une maxime profonde à un
aphorisme banal.

La Révolution vient, à son tour, ébranler et nourrir sa puissance imaginative. Mêlé aux grands événements d'alors, Bonaparte les observe, les analyse et
les comprend, mais les sent aussi, et profondément,
vit en eux et par eux, s'enflamme aux passions du
jour, s'imprègne d'esprit jacobin ; il est, en un mot,
autant que tout autre, un homme de son temps, et
qui s'y intéresse, et qui s'y complait.

Mais son existence est une alternative perpétuelle
d'action à outrance ou de repos forcé. — Tant mieux,
car à la fièvre de l'activité, qui seule révèle toute l'in-
tensité de la vie, mais dont la perpétuelle excitation
est une griserie funeste à l'observation, va succéder
un repos relatif de l'esprit qui, sous l'aiguillon du
besoin ou de l'ambition, revoit, corrige et classe les
constatations déjà faites, laisse mûrir le fruit de l'expérience et se dégager les idées directrices des faits et
des impressions confusément amassés. — Ainsi l'écueil
de la pure spéculation, des théories en l'air, de
l' « idéologie » est évité à cette intelligence nourrie
de réalité. Et cette réalité fournira plus tard un fonds

précieux, une inépuisable matière aux déductions rigoureuses d'un incomparable logicien. Des qualités très différentes et, semble-t-il, presque exclusives, s'unissent, se fortifient, se fondent et se confondent en lui, pour former l'un des esprits les plus complets qu'il y ait jamais eus.

III

D'où sa méthode ordinaire de travail. — Notons d'abord sa puissance, qui est énorme, presque illimitée, insoucieuse du temps, ignorante de la fatigue, qu'il suffit d'un léger repos pour renouveler entièrement après seize ou dix-sept heures d'exercice, et qui se maintint jusqu'au bout, sans apparence d'épuisement ni de diminution sensible. Elle s'appuyait d'ailleurs sur une force incroyable de volonté.

Comment s'appliquait ce ferme vouloir à cette robuste intelligence ? — L'Empereur ne dédaignait aucun renseignement, aucun conseil, d'où qu'il vînt. Mais il les demandait, en chaque matière, aux spécialistes les plus renommés. Son attention toujours infatigable et ouverte n'était point passive. A travers les exposés savants et les développements techniques, elle démêlait les difficultés, apercevait le point délicat, dégageait rapidement les problèmes, énonçait leurs données, pressentait leurs solutions.

Puis la reflexion s'exerçait dans de longues méditations solitaires sur ces questions ainsi réduites en problèmes politiques et sociaux. Alors la faculté déductive se donnait libre carrière, mais cheminant côte à côte avec la faculté représentative. Ainsi chaque conséquence apparaissait au même instant avec la rigueur logique d'une démonstration bien conduite, et cependant sous la formé réelle de relations réciproques entre des hommes vivants ou des institutions viables. Analyse et synthèse simultanées, puissance d'observation qui décompose et démolit, puissance d'imagination qui recompose et reconstruit.

IV

L'outil intellectuel est forgé. Ses deux facultés maîtresses sont constituées et fortifiées par l'exercice. A la période d'élaboration succède la crise créatrice. C'est un enfantement continu, aisé et grandiose. Minerve sort casquée et armée du cerveau de Jupiter. L'œuvre préparée vient en bloc, liquide et déjà durcie, comme la fonte qui rougeoie, ruisselle, et se fixe. Dans ce métal s'amalgament, aux proportions voulues, les éléments qu'il a fallu combiner. La tradition s'est dépouillée de sa rouille au brûlant contact du foyer révolutionnaire. Ainsi s'est fondue la maquette de la France nouvelle.

A l'envisager à ce moment, Napoléon est un métaphysicien de la politique, un de ces grands constructeurs de vastes systèmes comme on en rencontre surtout aux origines lointaines et aux perpétuels recommencements de l'Humanité. Sa conception passe au travers de toute la Société du temps, — religion, administration, justice, finances, — sans d'autres déviations que celles d'un rayon unique diversement réfracté par des milieux différents : faisceau lumineux habilement dirigé sur des substances bien préparées : car celui qui les a choisies les connaît bien, et sait à quelles expériences il pourra se livrer sur elles.

V

Mais les rayons n'iront-ils pas trop loin, jusqu'à l'infini, laissant derrière toute substance réelle pour prolonger dans le vide des traits que rien ne va plus arrêter ? — Napoléon qui ne perdit jamais le sens du réel, aurait-il un moment perdu le sens du possible ? Et sa grandeur naturelle d'esprit aurait-elle dégénéré en folie des grandeurs ?

Nous ne le pensons pas. Car, si démesurés que fussent ses projets, et même si on les étend jusqu'aux limites du monde, ils ne dépassent pas les bornes du possible, et de l'aveu de Taine lui-même, ils auraient pu réussir. Cette œuvre n'aurait pas duré. Mais son auteur la voulait-il durable ? Pour nous, l'Empereur, gigantesque semeur, se souciait peu de la moisson future. Il lui aurait suffi de labourer la Terre. C'était son rôle et sa fin. Aussi joua-t-il toujours quitte ou double, croyant toujours pouvoir gagner. Il n'y a là aucune mégalomanie, mais une incroyable audace, à qui cessa un jour de sourire la fortune. « L'instrument mental » de Napoléon, sauf de légères défaillances accidentelles, garda toujours son admirable intégrité. Cet esprit, « grand comme le monde » resta aussi grand, même quand il lui fut refusé de remplir le monde.

Aussi n'hésiterons-nous pas à le ranger parmi les trois ou quatre plus complets dont s'honore l'humanité. Cromwell, qui lui ressemble, notre Richelieu, presque aussi universel, Charlemagne peut-être, et surtout César lui peuvent seuls être comparés : ce dernier d'une nature plus riche, mais moins vivace, d'une étoffe plus brillante et moins solide, d'une humanité plus harmonieuse et plus élégante, mais d'une moindre sublimité de génie.

LE GÉNIE MILITAIRE

Or, ce génie si étendu enferme un spécialiste admirable. On accorde sans peine que Napoléon a été le plus grand homme de guerre de tous les temps. Est-ce un éloge, ou une critique? Aux yeux de beaucoup de gens, et qui pensent, supériorité contestable que celle-là. On frappe du même discrédit, pour les avoir vus trop souvent réunis, le militarisme et le despotisme. — Malheureusement l'ère n'est peut-être pas encore fermée des guerres nationales ou des luttes européennes. Il pourrait se produire tel cas où la présence d'un Napoléon fut à souhaiter parmi nous. Que l'on ne craigne pas d'étudier, d'admirer et s'il se peut, de s'approprier ses talents militaires, car il fut, est ou doit être, l'éternel modèle des stratégistes et des tacticiens.

I

On peut s'étonner, à première vue, de la réunion en un seul homme de qualités aussi diverses en apparence que celles de l'administrateur et du général. Mais il n'y a peut-être pas entre elles toute la différence que l'on y suppose.

Une armée est une sorte d'Etat qui se développe et se meut dans de certaines conditions assez rigoureusement limitées, mais analogues aux lois générales d'existence de toute collectivité. Une armée, c'est un organisme à créer, à rendre viable, à vivifier et à animer, dans le sens le plus particulier du mot. C'est à la fois un corps qu'on doit entretenir, une puissante

B

volonté latente qu'il faut savoir dégager et diriger, une inconscience à éclairer; bref, un individu dont le chef est bien la tête, un système de cellules dont le général est le cerveau. Son existence est seulement plus étroite, sa fin mieux définie, son but plus visible que l'existence, la fin ou le but de toute autre société. L'art militaire est à la sociologie ce que la mathématique est aux autres sciences: une réduction et un modèle à la fois; une expression simplifiée et abrégée, circonscrite dans des définitions étroites dont il faut savoir, par voie de déduction rigoureuse, extraire le contenu et développer les conséquences. C'est donc une bonne préparation à l'art de diriger les hommes en toutes les circonstances données que la pratique d'un art s'appliquant à diriger des hommes dans un cas nettement déterminé.

II

On a encore prétendu diminuer le talent militaire de Napoléon, en avançant qu'il n'est pas tout à lui, qu'il en a emprunté les éléments à d'autres, en se les appropriant, du reste, fort habilement. Bref ce serait aussi, un « profiteur, » un de ces hommes qui paraissent plus grands parce qu'ils se sont juchés sur les épaules des autres.

Cela est vrai, en partie. On l'a dit aussi de Shakespeare et de Molière. Mais le génie, en tout temps, a pris son bien où il l'a trouvé, sans mériter l'accusation de plagiat. Il ne se contente pas, en effet, d'emprunter: il transforme; d'additionner: il ajoute toujours à la somme; d'égaler en imitant: il dépasse. Il est tout ce qu'on fut avant lui, plus quelque chose que nul n'a été. Sans doute, le général Bonaparte s'est inspiré des géniales instructions données aux troupes républicaines par Carnot. Sans doute, il a fait la guerre comme Dumouriez, Jourdan, Masséna et surtout Hoche et Moreau. Cela prouve seulement un fait : qu'il y eut une tactique révolutionnaire, issue des événements, méthode nouvelle s'appliquant à des luttes nouvelles : incertaine et tâtonnante d'abord, elle se revèle à elle-même, se précise et se fortifie par l'exercice, — fonction qui crée son organe, organe qui modifie sa fonction, — et finit par en prendre conscience dans quelques esprits privilégiés. Ils en ont une vision plus ou moins nette et complète, pareille en sa nature, inégale en ses degrés et que Bonaparte, le dernier venu, le plus actif et le plus jeune, possède aussi plus clairement et pleinement qu'aucun autre.

III

Supériorité lentement et péniblement acquise, d'ailleurs, que l'innéité seule du génie n'explique pas, et qui se justifie par le travail prolongé d'une consciencieuse expérience. — Il ne faut pas voir en Napoléon un simple gagneur de batailles. S'il remportait la victoire, c'est qu'il savait la préparer. S'il portait en lui le fameux atlas double, dont parle Taine, — carte routière de l'Europe ; état à jour de son armée, — ils n'étaient pas naturellement en son esprit. C'est lui qui, aidé par son imagination puissante, les y avait mis.

L'érudition est chez lui à la hauteur du génie. Ce grand artiste de la guerre possède à fond toutes les parties de son art. Il se préoccupe de minuties d'organisation, règle les détails de la tenue, fixe l'effectif des unités. Il est aussi grand administrateur que tacticien habile. L'intendance, si accusée depuis, fonctionne admirablement, sous la sévère direction du comte Daru, avec une largeur d'idées et de vues où peut se complaire un esprit de la valeur de Stendhal.

Tous les services accessoires sont organisés avec un luxe intelligent et soumis à une direction unique et ferme, bien différente de la scandaleuse anarchie où on les a vus se débattre parfois. Le train des équipages devient un corps vraiment militaire qui sait unir, à l'occasion, l'héroïsme, à l'exercice assidu des plus modestes, mais des plus utiles fonctions. Le service de santé, si hautement honoré en la personne de son grand chef, Larrey, s'acquitte admirablement de sa tâche. Le génie et les pontonniers, bien utilisés, s'illustrent à Danzig ou s'immortalisent à la Bérésina. Quant au service d'Etat-Major, on sait la faveur méritée, la richesee de cadres, le rôle prépondérant que Napoléon lui accordait.

IV

Même souci, à plus forte raison, même étude approfondie et même emploi judicieux des armes principales, prises séparément ou combinées, — Napoléon n'oublie pas qu'il est artilleur et ne néglige jamais le corps d'où il est sorti. Les armées impériales sont richement pourvues de canons et nous voyons, par l'exemple de Wagram, que l'on savait utiliser déjà l'effet foudroyant des batteries en masse. — De même la cavalerie, sauf pendant la campagne de 1813, est jusqu'à Waterloo extrêmement nombreuse. Avant le combat, elle explore ; pendant l'action des trombes de cavaliers s'abattent à l'endroit critique et au moment décisif ; après la victoire, l'ennemi est poursuivi sans relâche. — Escadrons et batteries ne sont pas seulement les soutiens, les appendices nécessaires, les organes avertisseurs et protecteurs de l'infanterie. Ils la doublent, à l'occasion, la renforcent ou la suppléent, vivent tantôt d'une vie propre, et tantôt se rangent modestement aux côtés et aux ordres de la reine des batailles.

Celle-ci garde le premier rang, auquel elle a droit. On lui demande surtout d'être excellente marcheuse, de répondre par la vivacité de son allure à la promptitude de la pensée du général. Au combat, on exige d'elle plus et mieux que le courage actif, l'élan et la furie française : elle doit savoir attendre longtemps un ordre sous une pluie de projectiles, repousser de pied ferme les charges furieuses et marcher stoïquement à l'ennemi, en enjambant ses cadavres et en serrant ses rangs sans cesse entr'ouverts par les boulets. Car Napoléon frappe des coups droits et pesants plutôt qu'il ne déchaîne une force impatiente et irrésistible. Son infanterie donne en ordre serré et offre à l'artillerie une prise énorme. Aussi des rangs entiers, des files de dix ou douze hommes sont-ils souvent emportés. Nul souci de l'individu, nul ménagement du sang des soldats. Le terrible marteau qui étourdit l'ennemi, et l'abat, c'est de corps humains qu'il est fait, d'une pauvre matière palpitante et molle qui écrase, mais en s'écrasant elle-même dans la mêlée d'où monte, avec une lourde fumée de sang comme une ivresse d'héroïsme.

V

Ainsi Napoléon use, à leur place, de tous les moyens dont un général peut disposer, sans en éliminer, en négliger ou en fatiguer aucun. Et ce n'est pas seulement de son armée qu'il se sert bien, parce qu'il la connaît à fond. Le terrain, le caractère présumé, les mouvements supposés de l'ennemi, voilà d'autres objets de méditation, d'autres éléments d'action qu'il fait intervenir pour l'exécution de ses plans.

Il connaît admirablement la carte routière de l'Europe, et le degré de facilité que trouvera une armée quelconque à vivre et à se nourrir dans telle contrée. Il règle minutieusement ses ordres de marche et dresse ponctuellement ses horaires. Le projet le plus gigantesque en apparence, le plus insensé, une marche sur Constantinople ou sur l'Inde, se résout pour lui en une série calculée d'obstacles connus qu'il faut vaincre. Pour réduire telle résistance, il est nécessaire de déployer tant de forces pendant un temps donné. — Ce calcul, il le fait pour lui et pour ses adversaires. Car il ne possède pas seulement à fond sa propre armée. Il a étudié celle de l'ennemi, apprécie et redoute ses qualités, aperçoit et utilise ses défauts. Comme tous les grands joueurs, il devine les coups de son adversaire et peut ainsi dominer la partie.

Il fera de la sorte de bons élèves qui finiront aussi par lire dans son jeu. Mais très tard seulement, et il gardera son avance : il ne tombera que pour n'avoir pas su lire dans l'âme trouble et hésitante de ses propres généraux.

VI

Il croyait, dit-on, à son étoile, comme autrefois Wallenstein. Grand joueur, et presque toujours heureux, il fut même superstitieux. On peut accepter cette opinion, très généralement répandue, mais dans

une certaine mesure et sans affaiblir la clarté souveraine de cette éclatante raison en y projetant complaisamment l'ombre incertaine et louche des espoirs
obscurs ou des vagues appréhensions. — Du joueur,
il eut peut-être l'inconscient fatalisme, mais aussi le
goût inné, la pratique persistante de son art, la confiance tenace et pourtant la soumission aux fluctuations de la veine, l'imagination puissante, rapide,
déductive, la prévision lointaine, la décision prompte,
la ruse qui tend les pièges et la méfiance qui évite
d'y tomber, tout cela complété et corrigé par cette
ferme croyance : Le plus heureux est souvent le plus
habile. La Fortune ne refuse rien à qui la tente et
ose la violenter. Le Ciel vient aider, par une intervention opportune et bienfaisante du hasard, ceux
qui savent s'aider eux-mêmes.

VII

Son système militaire est le triomphe de la Raison
appliquée à la Force. Ses idées tactiques sont comme
les idées du génie, d'une éblouissante et éternelle simplicité. Il en eut, sans doute, l'intuition presque immédiate. Mais de 1793 à 1796, il semble les avoir
développeés par la pratique et le raisonnement. Si
l'on peut lui citer des émules, il n'eût qu'un maître,
qu'il dépassa, le grand Frédéric. Tous les généraux
à venir ne seront, sans doute, que ses disciples.

Et pourtant cinquante batailles rangées, presque
toutes des victoires, se peuvent entièrement ramener
à quelques types distincts, formes à peine diverses
d'une même pensée. — Laissons de côté les simples
actions d'éclat où Napoléon se montra plus brave,
plus inaccessible au découragement, plus opiniâtre
et plus digne de vaincre, en un mot, que personne.

Il appliqua partout un même grand principe que Stendhal résume ainsi : « Etre toujours deux contre un. »

Cet aphorisme semble en contradiction avec l'opinion courante. Napoléon serait, au contraire, le général qui battait toujours l'ennemi avec un homme contre deux ou trois. Cela n'est vrai qu'en gros, et dans l'ensemble d'une campagne. C'est inexact pour un moment donné. Aussi compléterons-nous H. Beyle de cette manière : « Etre toujours à l'instant cherché, et pour le temps nécessaire, deux contre un. »

VIII

Toute lutte suppose, en effet, sinon égalité de forces, au moins égalité de chances. Il serait absurde de s'y engager avec deux ou plusieurs chances opposées à la seule que l'on aurait. Deux lutteurs, qui se connaissent et que le hasard ou la nécessité n'ont pas mis aux prises, présentent un ensemble de qualités dont la somme est sensiblement égale. Ou alors, ils ne lutteront pas. Dès lors, leurs forces étant généralement semblables, la victoire appartiendra à celui qui, dans le moment choisi par lui, et profitant de la fatigue, de l'inattention ou du découragement de l'autre, aura soudain concentré toute sa force recueillie contre la force alors dispersée de son adversaire.

Ainsi d'une armée quelconque. — Tout en reconnaissant à nos soldats des qualités favorables à ces concentrations soudaines d'énergie, un soldat en vaut un autre, cent, mille, dix mille Russes ou Français, valent un égal nombre d'Allemands, Italiens, Autrichiens ou Anglais, par le courage, d'abord, dont nul ne détient le privilège, la discipline qui est à peu près la même partout, l'armement, qui s'égalise sans cesse. La victoire, dans ces conditions, doit rester en définitive aux plus gros bataillons.

Mais une armée n'est pas une poussière impalpable qui puisse s'entasser et rester longtemps au même endroit. C'est un corps immense, qui s'étend dans l'espace, doit manger tous les jours, dormir tous les soirs, qui tantôt marche à force et tantôt s'arrête et stationne. Elle doit se disperser pour vivre et se concentrer pour combattre, obéissant ainsi à deux tendances opposées que le général dirige et combine en vue de la crise décisive d'où sortira la victoire ou la défaite.

A ce moment, une concentration totale ou partielle est toujours nécessaire. Mais les marches qui précèdent le combat et les mouvements qui le dessinent ne s'effectuent jamais, au contraire, sans une certaine dispersion. Marcher ou manœuvrer en présence et à la portée de l'ennemi, c'est se mettre en état d'infériorité, surtout s'il est réuni et immobile. C'est la supériorité que Napoléon tendait presque toujours à s'assurer.

IX

Or, il eut le plus souvent à combattre des coalisés. L'unité parfaite et la subordination réciproque des mouvements, difficiles à obtenir d'une armée nationale, il ne faut pas les demander à des armées alliées. — Aussi l'Empereur toujours prêt avant tous ses adversaires pouvait-il les battre successivement. C'est ce qu'il fit en 1805 pour les Autrichiens cernés avant l'arrivée des Russes ; en 1806 pour la Prusse écrasée avant que la Russie ne l'ait secourue. C'est ce qu'il aurait voulu faire en 1815, pour les Anglo-Prussiens, avant le retour des Austro-Russes ; et pour les Anglais et les Prussiens qu'il essaya sans succès de séparer. Dans toutes ces occasions il eut, en fait, la supériorité du nombre sauf dans la dernière où ayant à lutter à deux contre un, il fut vaincu. Il succomba aussi en 1813 et 1814, comme en 1815, parce que ses ennemis, instruits par l'expérience, surent se trouver, à Leipzick, deux, et à Arcis-sur-Aube, trois contre un.

Supposons, en second lieu, une armée ennemie déjà concentrée en face de Napoléon. Généralement supérieure en nombre, elle occupe un front plus étendu que la nôtre. L'Empereur semble, au contraire, se faire petit, se cacher, craindre qu'on ne l'enveloppe. Par une feinte à droite ou à gauche, il attire l'attention de l'ennemi d'un certain côté. Il l'engage ainsi à s'étendre davantage, à allonger une ligne trop longue et, par là même, affaiblie. Il fond alors, avec un corps compact de bonnes troupes sur le centre dégarni, et le coupe en deux. Il s'est ainsi donné l'avantage de la surprise et du nombre, même si son armée compte moins de soldats. Les troupes de l'adversaire pourront se rabattre sur lui, de droite ou de gauche. Mais elles le feront dans de très mauvaises conditions. Elles se présenteront, en effet, successivement, donc en nombre inférieur, pour un temps donné, ce qui les expose à des défaites successives et inévitables. Car Napoléon écrase d'abord, avec le gros de ses forces, le corps de gauche, par exemple, qui leur est nécessairement inférieur. Cependant une division contient sans peine le corps de droite jusqu'au moment, où le premier étant vaincu, le second subit à son tour le choc de toute une armée victorieuse, dont chaque homme, ajoute Stendhal, peut en ces occasions, en valoir trois.

Cette manœuvre hardie, simple et décisive s'effectue dans des conditions plus ou moins favorables, et que l'on peut graduer. — Parfois Napoléon n'est aidé que par les fautes de l'ennemi. D'autres fois, des obstacles naturels masquent et protègent ses mouvements, ou obligent les corps à déboucher isolément, ou même réunissent ces deux avantages en les forçant à s'engager séparément dans des défilés dont nous détenons les lignes intérieures. — Telle est la deuxième série, la plus usitée et la plus heureuse, des opérations de l'Empereur.

Une troisième, moins favorable, est celle où l'ennemi concentré et se gardant, ne peut être tourné que par l'une de ses ailes. Notons qu'en l'essayant, Napoléon se met dans le cas où nous avons vu l'ennemi tout à l'heure et s'expose ainsi à être coupé. Il ne triomphe alors que par la précision et la rapidité supérieures de ses manœuvres. A Friedland, la réussite est complète. A la Moskowa on la paya bien cher. A Lutzen et Bautzen, la victoire ne s'acheva pas, faute de cavalerie. A Arcole, ce plan faillit échouer. A Eylau, il manqua par la faute de Bernadotte. — C'est le plus chanceux des trois cas, le moins nouveau aussi, et le moins personnel. On a pu y reconnaître, en effet, le fameux ordre oblique de Frédéric II.

Toutes les batailles de Napoléon se rangent dans ces trois séries, sauf les batailles d'Egypte où triomphèrent l'organisation et la discipline. Et ces trois séries se réduisent elles mêmes au principe énoncé : Recherche de la supériorité du nombre dans ce que l'on pourrait appele l'unité tactique de temps.

X

On voit facilement les qualités que cette méthode exige de l'armée victorieuse et de son général.

L'armée doit être un organisme à la fois puissant et souple, une force docile et frémissante, une machine énorme et délicate, ou plutôt un individu un et multiple, un être vif et nerveux qui se ramasse en un clin d'œil et bondit avec une détente soudaine de tout son fluide assené sur l'adversaire et qui le paralyse et l'étourdit avant de l'abattre et de l'achever. Or, pour ce sursaut subit, pour cette accumulation d'électricité intérieure, pour ces brusques et foudroyantes décharges, le Français est incomparable, s'il a confiance dans son chef.

Pour nos soldats, en effet, avec leur monarchisme profond, leur inconscient fanatisme de l'unité, le chef est la pensée directrice de l'armée, l'unique et nécessaire volonté qui fait tout réussir et sans laquelle tout manque, à qui l'on doit obéir sans retard et sans trêve, jusqu'à l'épuisement et jusqu'à la mort. C'est le général qui toujours observe, toujours réfléchit et veille toujours ; qui, le bivouac éteint, travaille et dicte encore ; qui, l'action engagée, au milieu du fracas de la canonnade, médite, suppute, regarde en lui et autour de lui, recueille les messages auxquels il répond par des ordres, comme le cerveau traduit en mouvements l'impression qui l'a ébranlé. L'Etat-Major, nombreux et actif, est le système nerveux, le trait d'union entre les centres intellectuels et le corps, de l'armée. Que les nerfs usés ou relâchés cessent de bien remplir leur rôle de transmission, que Soult et Labedoyère remplacent, sans l'égaler, l'incomparable

Berthier : la communication est coupée entre l'âme et les membres. Le corps se disloque et l'esprit s'éteint. C'est Waterloo. C'est la fin.

XI

Si Napoléon a su commander à des soldats et remporter des victoires, comme il a su gouverner des hommes et surmonter des difficultés politiques, c'est qu'il a étudié, pratiqué et connu l'âme humaine, ce principal ressort et ce principe premier de tous les évènements historiques. A cela ses deux facultés dominantes, puissance imaginative et déductive, l'ont, le plus souvent, admirablement aidé. Il n'a donc fait que transporter ses ordinaires qualités d'esprit à la guerre. Son esprit organisateur appliqué à l'art militaire, s'est développé conformément à lui-même, dans un sens où il était engagé non-seulement par sa nature propre, mais par les tendances dominantes de la nation qu'il a si bien comprise et à laquelle il s'est si habilement adapté.

Car son esprit, malgré tout ce qu'il pouvait avoir conservé de corse et d'italien, est cependant bien français, tout imprégné de notre Raison et coulé dans le moule classique. Ce « condottiere » est en même temps, par son intelligence, sa méthode, les principes et la direction de toute son œuvre, un des représentants les plus purs du classicisme français. Sa stratégie et sa tactique, à y regarder de près, sont une application à la guerre des mêmes procédés simples, clairs et sensés que met toujours et partout en œuvre la pensée française. Nous pouvons reconnaître en lui un illustre modèle, une des réalisations les plus hautes de nos plus essentielles aspirations. Ne lui refusons pas, au moins, l'un des plus beaux génies politiques et le plus beau génie militaire qui aient jamais été. Plaçons-le, sur ce dernier point, au dessus d'Annibal lui-même qui fut cependant à la fois un admirable caractère, un étonnant esprit et un général prodigieux. — Il ne serait pas inutile, croyons-nous, de redire bien haut et souvent à ceux qui ont la garde sacrée de nos souvenirs tristes ou glorieux, de notre existence si menacée, de nos plus chères et plus secrètes espérances, que leur éternel modèle celui qui a posé les règles de l'art militaire, comme Descartes a énoncé les principes de la déduction et Bacon créé la méthode inductive, nous appartient en entier et en propre, et nous conduira sûrement à la victoire, si leur admiration de concitoyens, dégagée de tout calcul politique, se double d'une fidélité de disciple, inébranlable et jalouse, qui ne permettrait pas, dans une guerre future, aux descendants des soldats de Napoléon, de se laisser battre une fois de plus, pour avoir oublié les enseignements du Grand Maître, par un ennemi qui se les serait appropriés.

Arrivé au terme de cette analyse sommaire du tempérament et du génie de Napoléon, nous devons exposer la conclusion qui s'en dégage. — Elle pourra sembler peu claire ou peu originale. Il n'était vraiment pas besoin d'établir que le Premier Consul avait toutes les qualités d'un grand homme d'Etat et le général Bonaparte toutes celles d'un grand homme de guerre. Pouvons-nous, d'autre part, nous faire, dès à présent, une idée exacte de la place qu'il tint et du rôle qu'il a joué ? Assurément non, car tout un homme, à lui seul, n'explique pas toute son œuvre. — Il semble pourtant licite et logique, le connaissant à fond, d'en déduire ce qu'il a fait en toutes circonstances. Encore la déduction devrait-elle être serrée et s'étendre aussi longuement que la description du caractère de cet homme. Mais faire succéder à un portrait de quatre-vingt pages un exposé historique de vingt (1) c'est renverser les proportions réelles et restreindre la démonstration en développpans démesurément l'énoncé.

L'histoire peut-elle être envisagée à ce point de vue tout statique ? Une méthode aussi abstraite et aussi rigoureusement déductive ne risque-t-elle pas d'immobiliser ce qui, d'essence, est vivant, c'est-à-dire se meut et change sans cesse ? Elle suspend le cours du temps, néglige les vicissitudes de la vie humaine et les fluctuations incessantes de la vie des sociétés. C'est en usant d'un tel procédé qu'on arrive à faire de Richelieu un ministre fasciné dès le début par la vision très nette d'un triple résultat à atteindre, ou de l'Angleterre du xvıᵉ siècle un État nécessairement destiné à conquérir l'Empire des mers, — et de Napoléon un architecte qui construit une maison, celle où nous habitons encore, uniquement pour s'y loger, ou un être insociable, qui a d'ailleurs créé la nouvelle société française et refait l'ancienne société européenne.

En procédant ainsi on fait varier ses conclusions avec son point de départ, pour la bonne raison qu'elles sont données dans les prémisses. Mais cette méthode syllogistique s'applique mal à l'histoire. Un homme, quelqu'il soit, n'a jamais été le déroulement implacable et continu d'un principe posé et comme une dialectique vivante et agissante. D'autre part, même s'il a eu du génie, il n'a pas existé uniquement par lui-même

____

(1) C'est ce qu'a fait Taine dans son Napoléon.

et en dehors de tout ce qui lui fut contemporain. S'il a exercé sur son temps une influence quelconque, son action s'est réglée sur certains désirs et certains besoins des hommes d'alors. Mais ces désirs et ces besoins sont, eux aussi, des éléments variables et soumis à de perpétuelles modifications. Il y a dès lors une correspondance étroite ou plutôt une action réciproque de cet homme sur tous les autres et de tous les autres sur lui.

L'homme et le milieu s'expliquent donc successivement l'un par l'autre. Mais le rôle principal revient, semble-t-il, au milieu. Il est, en tout cas impossible, de comprendre le jeu du protagoniste sans connaître les actes et les sentiments des comparses. Rien d'étonnant qu'un portrait littéraire de Napoléon, si complet soit-il, ne nous suggère aucun jugement précis ni sur l'œuvre, ni sur l'artiste. On ne l'appréciera entièrement qu'à ses actes, dont les causes et la responsabilité lui échappent en partie. Exposons avec soin son œuvre. Alors on pourra se prononcer sur son rôle, et dessiner ensuite, par voie de synthèse finale, l'image qu'un procédé trop analytique ne nous a pas permis de préciser.

L'ŒUVRE

Pour juger avec équité l'œuvre de Napoléon, un homme de notre génération a un effort à faire et une disposition d'esprit à revêtir. Ce serait à la fois une cause d'erreurs, et une injustice, que de l'apprécier au nom des principes admis ou des préjugés régnants de nos jours. Il est trop facile, par exemple, de le condamner *à priori*, par haine du despotisme militaire. Les fautes de Napoléon sont, il est vrai, l'argument le plus décisif en faveur de cette conclusion. Mais il ne faut pas oublier que l'expérience doit être achevée pour devenir concluante. Nous n'avons le droit de reprocher à personne d'être infaillible, c'est-à-dire d'être homme. Seule, l'expérience manquée de beaucoup d'hommes peut déprécier, à la longue, telle ou telle façon d'agir.

Ainsi se forme, par l'expérience, la conscience individuelle et, à plus forte raison, la conscience collective de l'Humanité. — N'oublions pas que l'histoire, celle qui se dit scientifique et s'efforce d'être vraie n'est pas encore vieille d'un siècle et qu'elle est venue après Napoléon. La conscience historique commence à peine à sortir des ténèbres, à se tâter, à s'entr'apercevoir. Bien loin d'admettre, ainsi que l'autre, des préceptes qui apparaissent comme absolus, et avec la rigueur d'un « Impératif catégorique, » à peine ose-t-elle se prononcer tout bas sur quelques faits isolés, qu'elle tremble de mal connaître. Aussi se garde-t-elle avec soin des théories générales. Elle laisse les grands « Principes » aux moralistes, aux jurisconsultes, aux hommes politiques, aux raisonneurs enfin et aux logiciens. Elle s'attache, tout au moins, à déplacer son point de vue et à le faire varier suivant les époques qu'elle traverse. Elle ne condamne absolument aucune des formes successives de l'activité historique. Mais elle se demande à chaque pas ce que pouvait ou devait penser, sur tel sujet, à tel moment, étant donné leur éducation politique et la tournure de leurs idées, tel peuple, soit le peuple Français, et tel homme, soit Bonaparte.

L'un et les autres, d'ailleurs, avec une moindre connaissance du passé, moins d'éléments d'informations sur le présent, jetaient les mêmes regards que nous, d'incertitude inquiète, sur l'Avenir mystérieux et muet. Qui d'entre nous pourrait prévoir ce que demain nous réserve? Mettons nous donc, en écrivant l'histoire, dans l'état d'esprit des contemporains. Laissons les faits se dérouler à nos yeux et s'enchaîner à leur guise. Renvoyons à plus tard un jugement qui, pour être équitable, doit s'appuyer sur toute la série des faits analogues et non pas seulement sur ceux qui se trouvent en cause.

Nous suivrons, dans cet exposé, autant que possible l'ordre chronologique. Quatre groupes de faits nous y apparaissent, dès l'abord, distinctement. Les débuts, en premier lieu, que nous pousserons jusqu'à la proclamation de l'Empire. L'œuvre intérieure qui correspond au Consulat et aux premières années du règne. Puis la politique extérieure qui le dirige tout entier.

Enfin la chute rapide, avec ses prodigieux rebondissements, dont le dernier faillit, au mépris des lois naturelles, replacer l'Empereur sur le trône d'où on l'avait précipité.

LES DÉBUTS

I

Un homme s'élève jusqu'à régner en maître absolu sur un grand pays qui s'est cru, qui s'est dit libre, puisqu'il a voulu, au moins un temps, et sincèrement, être libre. Cet homme est un aventurier, presque un étranger. Rien ne semblait le favoriser, tout lui paraissait contraire. Et il a réussi dans son projet insensé ; il fut et il reste encore l'idole de la grande nation qu'il a domptée. Destinée bizarre, incompréhensible. Va-t-on la rendre vraisemblable et nous l'expliquer ? Non. On ajoute l'incroyable au merveilleux. Napoléon n'est pas seulement un Corse : c'est un Italien. Il n'est pas étranger à sa patrie d'adoption, mais encore à son époque : c'est un fils posthume de la Renaissance, un frère de Michel-Ange égaré dans la Révolution. Bien plus : il est étranger à l'humanité même. C'est plus qu'un homme, presque un génie malfaisant. Et ce monstre, quasi-légendaire, vient régner sur un peuple qui se proclame fièrement fils aîné de la Raison ! De telles hypothèses n'expliquent pas ; elles compliquent. Taine les a pourtant admises comme certaines. Les adopterons-nous aussi ?

II

Laissons, pour le moment, l'atavisme. N'insistons pas sur l'hérédité. Bonaparte est d'une forte, saine et belle race. Il a dans le sang l'énergie, la ténacité, l'ambition, l'intelligence. Sa première enfance est turbulente, violente, mauvaise, dit-on. Il est déjà despotique, cruel et perfide. Condamnerons-nous cette explosion d'instincts que la volonté et la raison ne peuvent pas gouverner encore ? Ce serait d'une sévérité excessive. Un méchant enfant peut s'améliorer. Exemple : Le duc de Bourgogne. Il peut aussi, devenu homme, s'amender lui-même, ce qui est plus méritoire. Cet enfant aime les rêveries indéfiniment prolongées dans l'isolément d'une grotte sauvage, en face de la mer qui scintille et qui gronde. Quel enfant imaginatif ne les aima comme lui ? En conclurons-nous que c'est déjà un ambitieux, un futur homme de proie. C'est chercher bien loin, et c'est remonter bien haut.

Il arrive en France à Autun, puis à Brienne. « Et tout d'abord, il y est, il y restera l'étranger fermé, haineux, n'aimant personne et que nul ne songe à aimer. » Il déteste la France, il veut du mal aux Français. C'est donc un ennemi féroce et acharné de notre pays et de notre race.

Il a accepté pourtant, il a sollicité même cette hospitalité qu'il déteste et maudit. Il est boursier du roi, et Joseph l'a été et ses sœurs seront élevées aux frais de l'Etat. Ingrate et laide nature. ! On oublie que les parents de cet enfant ne se sont ralliés à la France qu'après l'avoir combattue au péril de leur fortune et de leur vie. Et cette même Létizia, cette amazone au cœur intrépide qui a suivi partout son mari, aurait mendié, la haine encore dans l'âme, les bienfaits d'un ennemi qu'elle a si profondément détesté ? C'est peu connaître, croyons-nous, ces caractères tout d'une pièce, c'est faire injure à la loyauté qui est au fond de l'âme corse, trouble et violente à la surface, que de traiter ces brusques et entiers revirements de palinodies intéressées. Nous sommes persuadés que tous les Bonaparte aimèrent la France de la même ardeur qu'ils l'avaient haïe et comme l'aiment leurs compatriotes, en associant dans le même culte la petite et la grande patrie.

Il est possible d'ailleurs que le jeune Napoléon, en proie aux moqueries de ses camarades, se soit défendu comme il le pouvait, en leur jetant à la face, dans sa colère, tout ce qu'il croyait devoir les blesser. Mais l'épargnaient-ils davantage ? Qui n'a connu l'inconsciente cruauté, la bassesse de caractère, la grossièreté des propos, la lâcheté enfin des enfants entre eux, surtout quand ils sont jeunes, internes et voués au métier militaire ? Il faut n'être pas passé par là pour l'ignorer et pour attribuer uniquement au caractère difficile du jeune Bonaparte, les avanies qu'on lui infligea. Mais on peut affirmer sans crainte que les torts ne furent pas toujours à ce petit Corse, pauvre et chétif, qui baragouinait à peine le français, portait un prénom bizarre que les boursiers prononçaient : « La Paille-au-Nez, » passait des années entières presque sans amis, loin de ses parents, au milieu d'une bande bruyante de polissons.

III

Devenu officier français il ne semble pas s'être complu dans cette prétendue haine de la France. Il

B

prend même le plus sûr chemin pour arriver à la chérir. Il lit passionnément les œuvres de ses écrivains et de ses philosophes, — ces œuvres, ne l'oublions pas, toutes pénétrées d'humanité, de bonté et de sensibilité natives, qui seront, en dépit de leurs défauts et de leurs conséquences parfois désastreuses, l'éternel honneur de cet aimable et candide xviiie siècle. Qui pourrait les lire sans sympathie pour les hommes qui les ont écrites et le temps qui les a portées ?

Aussi, parallèlement au patriotisme corse, très vivace au cœur de Napoléon, et qui lui inspire une histoire de son pays, va-t-il développer son patriotisme français qui deviendra aussi profond que sincère.

A la Révolution il n'émigre pas, bien que gentilhomme. Trop de motifs et en premier lieu la misère l'en détournaient. C'est un pur sophisme que de lui reprocher de n'avoir pas alors payé par sa trahison envers la France la dette qu'il avait contractée vis-à-vis du Roi. Il devint au contraire révolutionnaire, montagnard et jacobin. Il fut l'ami de Robespierre. Il voulut rester Français et il se fit républicain.

Par conviction assurément, plutôt que par intérêt. Pouvait-il prévoir alors ce qu'il deviendrait un jour ? Certes son ambition, de tout temps dut être immense. Mais elle dut s'adapter progressivement au milieu où elle évolua.

IV

Or, tout vint la nourrir et la fortifier, même ce qui lui paraissait contraire. Le lieutenant Bonaparte n'était pas un de ces officiers d'avenir dont se plaît à deviner et à prédire la brillante fortune. Le monde, pour qui il ne se mettait guère en frais, lui rendait son dédain en indifférence et faisait peu de cas de cet officier qui ne paradait pas volontiers dans les salons. Une profonde misère fièrement et noblement supportée l'en éloignait chaque jour davantage et plongea dans une obscurité grandissante ce jeune homme dont la renommée devait un jour briller d'un tel éclat.

Cet isolement fit sa force. Quand pour une raison ou pour l'autre, le feu des passions de la jeunesse ne peut trouver d'aliment, ou que sa flamme ne se dépense ni ne se disperse en flambées de sentiment et en étincelles d'esprit, il couve longuement en un foyer caché d'où il jaillira un jour avec une incroyable violence. Ainsi l'ambition, surtout quand elle est naturelle, s'irrite de passer inaperçue ou dédaignée, accroît en secret ses forces de toute la force inemployée des autres passions et se développe au point de remplir bientôt l'âme entière. Elle prépare sa revanche définitive qu'elle prendra au moment opportun, à la profonde surprise du monde, habitué à juger de tout sur l'apparence.

Telle fut l'évolution du caractère de Bonaparte. Il passa très vite de la théorie à l'action. Dans son désir de jouer un grand rôle et d'appliquer les idées dont il était nourri, il songe naturellement à la Corse et ce champ restreint semble d'abord suffire à son besoin d'activité. Il s'y rend, est d'abord bien accueilli, se met en avant, se démène, a ses partisans, puis ses envieux et ses ennemis et finalement ne réussit pas à être prophète dans son pays. A-t-il combattu pour la cause séparatiste, et se serait-il contenté d'être le souverain indépendant de la Corse ? Cette supposition est permise. Mais rien ne vient la démontrer. Si du mystère de ses intentions on va aux révélations de ses actes, nous le voyons accepter, pour la seconde fois, et avec lui toute sa famille, la ruine, la proscription et l'exil, mais alors par fidélité, au moins apparente envers la France et pour n'avoir point voulu suivre Paoli dans sa défection auprès des Anglais.

V

A la Corse qu'il aime toujours il a donc préféré la France. Que ce soit par dépit ou par nécessité, il est désormais incontestablement Français. Alors son ambition va considérer ce nouveau domaine et chercher l'occasion de s'y développer. Que fera-t-il ? Il l'ignore lui-même. Jouer un rôle, un grand rôle, un rôle de plus en plus étendu sur une scène qui, on le devine déjà, deviendra chaque jour plus vaste. Voilà simplement son but.

D'autres, objectera-t-on, se proposèrent uniquement de faire tout leur devoir de patriotes, sans demander de récompense et sans en espérer aucun profit. Il y eut, en effet, de ces âmes coulées à l'antique, et Plutarque suscita chez nous d'autres héros. Mais cette ardeur généreuse et désintéressée n'aurait-elle pas enflammé comme d'autres le cœur de Bonaparte ? Et d'autre part, le levain de l'ambition, n'a-t-il pas germé même chez les plus purs et les plus modestes ? Qui dosera jamais le mélange parfois inconscient que le temps élabore entre nos tendances les plus diverses ? Et qui fera avec certitude et pour un moment donné l'analyse mentale des idées, des projets et des convictions de Bonaparte ?

Il sait bien d'ailleurs que pour s'élever soi-même il faut d'abord être utile aux autres : indispensable ensuite, lorsqu'on le peut. Il rend bientôt de notables services. On sait son rôle dans la reprise de Toulon. On connaît moins sa conduite dans le comité de Nice en 1794. Dumerbion, dont on va élever la statue, aurait, dit-on, attribué sa victoire aux plans du jeune commandant. Il faut bien qu'on l'ait hautement apprécié pour l'avoir nommé général de brigade, d'un bond, et à vingt-cinq ans, et qu'on n'ait pas osé maintenir son arrestation et le châtier, après Thermidor, de son Jacobinisme. Ceux qui l'avaient connu saluaient en lui un de nos futurs grands généraux.

Soudain sa carrière paraît brisée. On le désigne pour la Vendée comme général d'infanterie. Il refuse; on le disgrâcie et on le place en disponibilité. Pourquoi ce refus? Il y avait pourtant de la gloire à gagner auprès de Hoche. Est-ce que cet artilleur, très fier d'appartenir à une arme spéciale aurait refusé par orgueil une brigade d'infanterie? Est-ce que le futur pacificateur de la France aurait reculé devant la responsabilité d'une répression par les armes pour s'assurer plus tard le mérite de victoires pures de sang français? Toutes les suppositions sont permises à propos d'un homme qui songeait en ce moment à offrir ses services au grand Turc.

Cette conduite paraît bizarre. Le dépit d'une immense ambition, trop pressée de se produire, et déçue, semble seul pouvoir l'expliquer. Il y eut, sans doute, au fond de tout cela un grand froissement d'amour-propre, une colère peut-être de passer inaperçu à Paris malgré les grands services rendus sur un champ d'opérations éloigné d'ailleurs, et secondaire, un désespoir de n'avoir pas été désigné pour l'armée du Nord ou pour la glorieuse Sambre et Meuse qui accaparait l'attention. Consciente de sa valeur, l'ambition du jeune général est déjà exigeante.

Ignorant son vrai mérite, incapable peut-être de le découvrir, ses chefs s'irritaient de prétentions qu'ils pouvaient croire excessives. Il y eut là un malentendu inévitable, la retraite d'un homme qui se croit victime et la légitime obstination des supérieurs qui pensent agir dans la plénitude de leur droit.

VI

Ce refus est d'une âme altière et d'un esprit qui calcule trop exactement le bénéfice possible de ses actions. C'est mal agir pour un officier que de discuter les ordres qu'on lui donne. Sa seule excuse c'est que la France est alors victorieuse. La paix devient inévitable. Ses frontières naturelles sont atteintes, les émigrés arrivent trop tard, la Vendée étant déjà domptée et presque pacifiée. Bonaparte n'est pas moins, au point de vue militaire, peu excusable. Remarquons seulement qu'en ces temps troublés les devoirs étaient moins précis, les obligations moins étroites, les règlements moins sévères qu'ils peuvent être devenus depuis lors.

Bonaparte a payé cher, d'une année de misère et d'obscurité cette insubordination opiniâtre. Mais il attendait son occasion, et le 13 Vendémiaire à point nommé, la lui fournit.

Or ce jour-là il sauva la République et la Révolution. Le triomphe des sections eut été la victoire des royalistes, la rentrée du roi sans conditions, le retour d'émigrés tout chauds encore d'une haine implacable, la contre-révolution avec ses horreurs égales, presque mathématiquement aux excès de la Terreur. C'eût été la guerre civile et l'intervention de l'étranger qui se serait, n'en doutons pas, bien payé de ses services, et en vertu des principes régnants se serait taillé largement sa part. Qui sait si notre pays ne fût pas devenu une autre Pologne et si la France n'eut pas sombré toute entière, emportant dans le tombeau qu'on lui aurait creusé, ces idées à qui Bonaparte assura le droit de vivre? Qu'on y réfléchisse bien, et en connaissance de l'Europe d'alors. Il est certain que Bonaparte mérita bien, ce jour-là, de la France et de la civilisation moderne.

VII

Le sceptique Stendhal nous le montre hésitant, au 13 Vendémiaire, entre la Convention et les royalistes et défendant le lendemain les institutions qu'il aurait songé à combattre la veille. Il n'y a aucune preuve matérielle à fournir pour ou contre cette opinion. L'on pourrait toutefois avancer que, d'une part, le jeune général n'aurait eu rien à espérer d'une contre-révolution, qui, à ce moment, se fût faite presque d'elle-même et sans qu'il pût s'en attribuer le mérite. Il avait intérêt au contraire à défendre la République menacée et la sauver d'une perte quasi-certaine. Ce service rendu le portait, en effet, d'un seul coup, au premier rang et ouvrait à son ambition des espérances illimitées. Même en réduisant ses mobiles au seul intérêt personnel, il ne pouvait, semble-t-il, agir autrement qu'il ne fit. Sa conduite s'explique fort bien encore par son jacobinisme de la veille qu'il ne pouvait avoir complètement abjuré. On doit aussi admettre qu'il ait eu assez de sens politique pour écarter l'idée d'une Restauration dont le succès probable n'eut certainement pas été durable, et qui ne se serait effectuée qu'à l'aide d'une intervention étrangère dont son patriotisme pouvait à bon droit s'effrayer.

Cet événement lui permis d'être promu divisionnaire, c'est-à-dire apte à recevoir un commandement important, celui de l'armée de l'Intérieur d'abord, et quelques mois après, de l'armée d'Italie qu'il n'eut certainement pas obtenu, s'il était resté brigadier.

L'admirable campagne de 1796 le mit enfin à la place que méritaient ses exceptionnelles qualités militaires. Elle provoqua en France et à l'étranger un enthousiasme incroyable et unanime. Ce fut plus que l'avènement d'un grand homme, presque l'apparition d'un jeune dieu des batailles. Les témoins de ces faits extraordinaires en parlent avec un respect quasi-religieux. Et c'est à tort, croyons-nous, qu'on a voulu rabaisser sa gloire en l'accusant d'avoir le premier fait appel au désir des conquêtes ou même à l'instinct du pillage, au lieu de s'adresser au patriotisme républicain ou au prosélytisme jacobin de ses soldats.

Car, malgré les termes significatifs de ses fameuses proclamations, son armée songea bien moins à s'enrichir par le butin qu'à jouir, sans arrière-pensée de cupidité, des délices d'un climat enivrant, d'une popularité sans limites, et d'une hospitalité qui ne leur refusait rien, avec toutes les ardeurs de la jeunesse surexcitée par de longues et cruelles privations.

Stendhal qui en fut témoin et acteur, nous a vivement dépeint cette folie d'insouciance, cette griserie bien française, qui s'enivre du moment présent, se lance gaiement à la poursuite du plaisir frivole et léger et loin de calculer, de thésauriser pour l'avenir, prodigue en riant tous ses trésors de jeunesse et d'esprit, en attendant de courir, un doux souvenir au cœur et un refrain joyeux aux lèvres, à l'ennemi, qui toujours battu, revient sans cesse, à la mort qui toujours défiée, frappe souvent.

Les pillages auxquels on fait allusion résultèrent d'une occupation prolongée, et furent d'ailleurs commis par les agents civils du Directoire que Bonaparte, souverainement honnête et ennemi juré des fripons, devait supporter en frémissant pour ne pas se brouiller avec leurs complices de Paris.

VIII

Bonaparte garde, d'ailleurs, ses coudées franches, négocie et signe des traités, que l'on ratifiait ensuite et dont certaines clauses, telles que la cession de la Venétie à l'Autriche, lui furent amèrement reprochées. Enfin Campo-Formio vient compléter la paix de Bâle. La France garde ses frontières naturelles qu'elle avait atteintes en 1795. L'Autriche doit consentir à la cession des Pays-Bas, qu'on lui avait enlevés, et de la rive gauche du Rhin qu'elle avait le devoir impérial de défendre. Si la paix de Bâle permit à la Convention de respirer, le traité de Campo-Formio était une reconnaissance éclatante, faite par la seule puissance qui eut strictement qualité pour cela, des conquêtes opérées par la Révolution française. Mais selon le vieux principe des compensations, l'Autriche privée de la Belgique dut s'accroître d'un territoire équivalent. Bonaparte dut subir les lois de la politique du temps et leur sacrifia Venise qui s'était donnée, par les Pâques Véronaises, des torts impardonnables envers nous. C'était le seul moyen d'obtenir, à ce moment, de l'Autriche, une paix que l'on pût espérer durable.

Voilà le Directoire bien embarrassé de la paix et de Bonaparte. De la paix, nous reparlerons plus loin. Mais que faire de ce jeune général victorieux, que la nation acclame et que les soldats suivraient au bout du monde ? N'est-il pas un danger permanent pour la liberté et ne s'est-il pas trouvé des Cinnas révolutionnaires pour le menacer du fer et du poison ? Heureusement on est encore en guerre avec l'Angleterre. C'est sur elle qu'on le détournera.

Il est admis que le Directoire le laissa partir en Egypte avec un sentiment de soulagement au moins égal au plaisir qu'il eut lui-même à s'y rendre. Si donc il y entraina avec lui une des deux meilleures armées de la République, et s'il eut tort d'agir ainsi, la faute doit être partagée par moitié entre celui qui la fit, et le gouvernement qui la laissa faire.

Mais cette expédition fut-elle en réalité une faute ? Pour nous c'est une idée de génie, même à cette époque, que d'avoir songé à réveiller les souvenirs séculaires laissés par les Français de Saint Louis en Egypte pour occuper solidement ce pays et s'interposer ainsi entre l'Angleterre et sa colonie des Indes qui s'agrandissait alors avec une foudroyante rapidité. Pourquoi l'homme qui a deviné la valeur internationale de Constantinople n'aurait-il pas pressenti la future importance universelle de l'Egypte ? Cela est d'autant plus vraisemblable qu'il s'occupa quelque temps du percement de l'isthme de Suez.

Il était donc, en 1798, d'une profonde et prévoyante politique, de s'installer dans un pays sur lequel nous possédons tant de droits. On prévenait ainsi et on empêchait un siècle à l'avance l'occupation trop intéressée pour n'être pas durable, de l'Angleterre. La combattre en Egypte était le plus rude coup qu'on pût lui porter en attendant d'aller l'attaquer aux Indes.

Cette expédition s'explique très suffisamment par elle-même et sans aller, pour la justifier, demander de comparaisons à la vie de César. — Le jeune héros cédant à cette fascination presque inévitable, et que d'autres, plus âgés et plus rassis, ont parfois éprouvée, qui se dégage en Orient des impressions même du milieu et des souvenirs historiques, a roulé dans son imagination inquiète de vastes et chimériques projets. Soyons indulgents à ces rêves de jeunesse. Ils n'empêchaient pas Bonaparte d'organiser sagement l'Egypte en s'inspirant de principes clairs et sensés que nos « coloniaux » devraient méditer, — tout en prêtant une attention inquiète aux événements qui se passaient en France et dont les Anglais eux-mêmes prenaient soin de bien l'informer.

Brusquement, sans ordres, presque en déserteur, mais aussi au péril de sa vie ou de sa liberté, il abandonne son armée et quitte l'Egypte. La France, dit-il, le réclame. Son devoir ne le retenait-il pas ? Et son armée qui lui donne toute sa confiance, qui vit par lui et en lui, a-t-il le droit de la fuir ? Elle gardait, il est vrai, Kléber et Desaix, qui le valaient presque. Mais cela ne l'excuse pas. Une seule raison peut, après coup, l'absoudre : le salut de l'Etat. La France était alors à deux doigts de sa perte. Pouvait-elle être sauvée par un autre que par lui ?

<h2 style="text-align:center">IX</h2>

De l'aveu unanime, soit des contemporains, soit des écrivains postérieurs, la situation de la France en 1799, était critique et presque désespérée, au dedans comme à l'extérieur.

La « conquête jacobine » est achevée, mais la « reconquête royaliste » commence sur le même plan, à l'aide des mêmes moyens. La confiscation progressive et audacieuse de la puissance publique par une minorité d'autant plus tyrannique qu'elle est chaque jour moins nombreuse, a trop bien réussi aux Jacobins pour que le parti royaliste ne veuille l'essayer à son tour. Au-dessus de la masse inquiète et hésitante, toujours prête à se ruer d'un côté ou du côté opposé, et à faire choir en s'y jetant de tont son poids, l'un des plateaux de la balance, quelques clubs, d'opinions opposées, mais d'organisation, de tactique semblables, luttent avec acharnement pour le pouvoir.

Entre ces deux partis, dont l'un va évidemment triompher, mais qui ne représentent, ni l'un ni l'autre les vœux de la majorité du pays, le gouvernement, le modérateur naturel et l'arbitre, oscille violemment de coup d'Etat jacobin à coup d'Etat royaliste. Ce gouvernement est d'ailleurs l'organisation idéale de l'anarchie politique : tout dans la Constitution de l'an III conspire a créer d'insolubles conflits. Cette machine compliquée, mais imparfaite, non seulement roulé à vide, mais s'arrête à chaque instant, et ne marche que par soubresauts successifs.

Même principe et même vice de construction dans les moteurs de moindre importance : directoires de département, de districts, conseils cantonaux, administrations diverses. Le désordre et la confusion descendent d'en haut. La corruption vient à leur suite. Le pays ne se sent plus gouverné, mais il est tiraillé entre des minorités sans mandat, qui le persécutent et le pilleront si elles triomphent. En attendant, plus de crédit public, plus de finances, plus de justice. Dans la religion même, deux églises, l'une rebelle et l'autre schismatique ; plus de commerce, plus d'argent, plus de banques honnêtes, plus de police ni de force publique, aucune sécurité à l'intérieur, plus d'armées à opposer à l'Europe envieuse et menaçante ; un malaise croissant, une angoisse terrible, l'invasion étrangère aux portes et derrière elle la Contre-Révolution, bref, un horrible cauchemar après l'idylle de la Constituante et le rêve de grandeur, de folie et de sang de la Convention ; comme issue, l'appréhension d'un réveil terrible, le désespoir matinal de l'aveugle qui, en rêve, avait cru retrouver la vue ou du prisonnier qui s'était senti libre.

X

A l'extérieur, même incapacité, mêmes fautes, mêmes désastres. Emporté par une formidable impulsion qu'il a reçue et qu'il ne peut ni enrayer, ni modérer, le Directoire se laisse aller, en pleine paix, à une débauche d'annexions, à une folie de conquêtes, qui tourneront bientôt l'Europe contre lui. Mais il doit pousser de l'avant, sans repos ni sans trêve. Conquérir est en effet pour lui l'unique moyen de vivre. Il conquiert pour occuper ses soldats auxquels il a imprudemment promis un milliard qu'il ne peut donner, et qu'il n'ose refuser. Il conquiert pour séculariser sans cesse d'autres biens ecclésiastiques afin de gager ses émissions illimitées d'assignats qui se nuisent par leur propre multiplication, et doivent par conséquent se multiplier sans cesse. Donc la guerre étrangère ou la guerre civile, et la banqueroute. Horrible alternative qui aboutit d'ailleurs à une impasse. Un moment vient ou le Directoire ne peut plus ni rester en place, ni avancer. Il faudrait qu'il annexât encore ; mais l'Europe lui oppose de Naples au Texel un mur de 350.000 hommes...... Sur cet édifice qui croule de lui-même et que ses habitants ne font rien pour consolider, une coalition européenne va frapper de coups terribles et répétés. Déjà elle a démoli les annexes. Toutes les républiques italiennes se sont effondrées. La république Helvétique et la république Batave sont battues en brèche. Leurs débris vont rouler sur la République mère et l'ébranler sous leur écroulement..... Jamais la patrie française ne courut de plus graves dangers,

XI

Elle fut sauvée, dit-on, par Masséna et par Brune. Leurs victoires de Zurich et de Castricum repoussèrent l'invasion. — Sans doute ces deux généraux pourvurent au plus pressé : préserver le territoire français. Mais les victoires décisives après l'offensive reprise, c'est Bonaparte et Moreau qui les remportèrent. La paix glorieuse après le danger mortel, c'est Marengo et Hohenlinden que l'ont assurée. Le péril extérieur était moins grave que le péril du dedans. Là germait le ferment de dissolution rapide qui plus sûrement tuerait la France que les chocs venus du dehors. La France était malade à mort, il fallait la guérir. Peut-être que bien soigné, ce corps robuste reprendrait, avec la santé, sa vigueur première. Mais il a besoin d'une médication énergique. En premier lieu il doit évacuer le virus, qui depuis quatre ans, le corrompt, le ronge et le tue, et chasser sans piété l'inepte et coupable gouvernement qui nous perd.

Le Directoire est né d'un coup d'Etat : le dernier vote de la Convention qui, pour sauver la République menacée, croyait-on, par le résultat probable d'élections légales, décida illégalement que les nouvelles . assemblées comprendraient deux tiers de conventionnels. A cette mesure les royalistes répondirent par le 13 Vendémiaire dirigé contre le futur Directoire. Et le même Bonaparte qui devait l'enterrer plus tard le sauva ce jour-là, dans l'œuf, d'un péril qui compromettait sa naissance.

Né d'un coup de force il ne vécut que par trois coups d'Etat, un par année, qui prolongèrent son existence, comme la morphine soutient un malade, en l'excitant d'abord pour le mieux stupéfier ensuite. Un tel remède finit par tuer sûrement. Fin méritée du reste, car un régime est toujours responsable des violences qu'il permet, qu'elles se produisent pour sa perte ou pour sa défense. Quand on sème l'anarchie, on récolte l'insurrection ou le despotisme. — Le gouvernement républicain enfermait donc en 1799 un germe morbide. Il l'enveloppait en lui, dès sa naissance, il avait grandi avec lui. Tout scrupule de légalité pour le renverser, eût été puéril. Ce que l'on pourra dire contre le 18 brumaire ue sera jamais que phraséologie pure, sentimentalité vague, déclamation vaine, regrets inutiles et injustifiés.

Ce coup d'Etat, fatal et désirable, il s'accomplit du moins mal qu'il pût, sans trop de complots, de marchandages, d'hypocrisie, de résistances, de récriminations, presque sans coup férir, en riant, sans une goutte de sang versé! Quelques députés crurent devoir protester pour la forme. Le pays d'abord étonné approuva bientôt, puis se félicita et ne tarda pas à reconnaître que cette solution, non seulement était la seule possible, mais la meilleure qui pût arriver.

XII

Nous n'insisterons pas sur Marengo et Hohenlinden, ni sur les traités d'Amîens et de Lunéville. Si la France victorieuse put conclure la paix aux meilleures conditions, si l'Angleterre elle-même consentit en 18o2 a déposer les armes qu'elle avait prises en 1793, c'est moins les victoires de Moreau ou de Bonaparte qui l'y contraignirent, qu'une respectueuse terreur pour ce peuple qu'on avait cru à terre et qui se relevait si vite au point d'en imposer par la seule menace de son énergie reconquise et le seul éclat de sa santé retrouvée. Bonaparte avait extirpé le cancer qui l'épuisait, reconstitué ses forces., réveillé sa confiance. L'Europe qui avait cru l'abattre, maintenant s'inclinait pleine d'admiration et d'envie devant ce pays si riche de ressources, si rapidement et merveilleusement réorganisé.

C'est de nous même que vint le salut, de cet étonnant pouvoir de reconstitution, secret de notre grandeur, ressort puissant qui agit parfois de lui-même, mais qui souvent exige pour se tendre l'application d'une main énergique. En 18oo, trop d'inquiétudes extérieures travaillaient la France pour qu'elle pût comme en 1871 panser elle-même ses plaies, refaire seule ses forces perdues. Le sol était encombré de ruines et le trouble régnait dans les âmes. Il fallait déblayer pour reconstruire, déblayer vite et reconstruire immédiatement. Mais où trouver les matériaux du nouvel édifice, sinon dans les débris qui jonchaient le sol, et où la brique romaine, la pierre tendre du moyen âge, le dur granit des palais monarchiques, le béton hâtif de la Constituante, le plâtras révolutionnaire et le torchis du Directoire, s'entassaient pêle-mêle, horriblement confondus ? Il fallait utiliser ces matériaux disparates, les trier sommairement, leur assigner à tous une place, les superposer selon les lois de l'équilibre, les unir d'un ciment puissant. La construction devait être gigantesque et solide, hâtive et durable, improvisée mais non pas provisoire. Et le peuple français, propriétaire exigeant, non seulement vonlait qu'on la finit vite, mais désirait y retrouver ses goûts, ses instincts, son histoire, s'y mirer pour ainsi dire lui-même, reconnaître avec émotion ces murs' qu'il avait renversés trop vite et qui l'avaient abrité si longtemps, montrer avec orgueil le vernis nouveau dont il a recouvert ses assises traditionnelles, et le couronnement magnifique, le fronton de liberté, d'égalité et de justice dont il l'avait surmonté. Bonaparte travailla à sa convenance et remplit ses conditions. A la base il plaça la Tradition ; il mit la Révolution au faîte. Selon son expression, la confiance vint d'en bas. Pour le pouvoir il y eut, tout en haut, un logis commode. Mais bien loin que la maison fut faîte pour lui seul, il l'aménagea si bien que nous y logeons encore et que des maîtres différents ont pu en occuper les salons sans que rien ne dut être changé dans l'immense, solide et intelligente bâtisse.

XIII

Au résumé, le peuple demandait de promptes, complètes et sages réformes. Or, Bonaparte a toujours aimé, dit Stendhal, le bien rapidement opéré. Il y eut donc entente parfaite entre lui et le peuple, de 1800 à 1802. Abusa-t-il de sa confiance pour asservir ceux qu'il venait de sauver? Poser la question de la sorte, c'est la trop simplifier et presque dicter la réponse. La réalité fut bien plus complexe, admet des nuances et des gradations qu'il ne faut pas négliger sous peine de ne la plus comprendre. Si Bonaparte songea à dominer la France, c'est qu'il la trouva prête à se laisser subjuguer. La France se donna à lui parce qu'elle était disposée à se livrer à quelqu'un. Pour immense que fût l'ambition du Premier Consul, elle était vague, ignorait ses forces exactes et les degrés de la résistance qu'elle pouvait rencontrer. Pour ardente que fût en France la soif de sécurité, d'ordre et de paix, il fallait la concilier avec l'appétit de liberté des uns et la fringale de servitude des autres. Voilà les tendances obscures et contradictoires que la série des événements se chargea, au jour le jour, de confondre et de préciser. A peine le vainqueur de Marengo vient-il d'élaborer la constitution consulaire que l'attentat de la rue Saint-Nicaise exalte, du jour au lendemain sa popularité déjà immense et lui procure le magnifique succès du plébiscite de l'an X. Voyant qu'on lui accorde plus qu'il n'aurait espéré d'obtenir, plus même qu'il n'aurait souhaité, Bonaparte poursuit sa veine et demande davantage. Une majorité plus forte d'un septième lui décerne le consulat à vie. Il pousse encore plus loin et, la guerre aidant et les complots royalistes, qui exaspèrent à propos l'instinct populaire, Bonaparte n'aura qu'un mot à dire pour rétablir en sa faveur le pouvoir monarchique. Le peuple, à une majorité presque numériquement égale à la précédente et même un peu supérieure, approuvera l'initiative du Sénat.

L'opposition surveillée, il est vrai, intimidée presque, réduite au silence, ne se manifesta nulle part, et d'aucune façon. Partout, dans toutes les classes de la société, c'est, disent les uns, une conspiration du silence, c'est, prétendent les autres, unanimité presque complète de l'opinion. Or, comme le suffrage universel, mal garanti, il est vrai, existe, et que la société moderne ne reconnaît d'autre pouvoir que la loi faite par le plus grand nombre, nul n'a logiquement le droit de protester contre ces faits accomplis et nul, pas plus aujourd'hui qu'alors, n'a qualité pour les condamner. S'il y eut confiscation de la liberté, usurpation, crime politique en 1804 comme en 1851, la nation presque toute entière en fut complice. Ou plus exactement, il n'y eut rien de tout cela ; car la seule victime aurait pu porter plainte, et la victime, s'il y en eut une, fut consentante.

L'histoire, tout en réservant les droits de l'avenir, doit s'incliner devant cette manifestation des droits du passé. Trêve donc de récriminations retrospectives. C'est une niaiserie pure de reprocher à Bonaparte de n'avoir pas été Washington, comme si la République française avait eu rien de commun à cette époque avec la République des Etats-Unis d'Amérique !

La France fit à son Empereur un don entier et libre de sa personne, — libre autant que peut l'être dans une union volontaire, l'entraînement irrésistible de la passion. On nous dit que ce mariage d'un homme à une nation fut malheureux et devait aboutir à un divorce. C'est possible, mais nul ne s'en doutait en 1804, nul et surtout le couple qui venait de s'unir par un contrat solennel et qui semblait indissoluble.

Nous montrerons plus loin qu'un tel contrat était autorisé par les idées, les mœurs et les usages du temps. Alors, seulement nous pourrons le proclamer légitime. Qu'il nous suffise de l'avoir reconnu nécessaire.

Et si quelque doute subsistait encore sur ce dernier point, dans l'esprit du lecteur, nous le prierions de peser la raison suivante : De 1791 a 1800, en neuf ans, la France avait approuvé, directement ou par ses représentants, trois Constitutions différentes, subi cinq gouvernements successifs, convoqué quatre assemblées législatives qui se renouvelèrent toutes plus ou moins. Trois mille législateurs, au bas mot, avaient géré ses affaires, dont bien peu surent ou purent, pendant un certain temps, les diriger. Il semble que toutes les expériences politiques eussent été faites par tous les hommes susceptibles de les entreprendre; et la France en 1799 était « au bord de l'abîme. » Un homme sut l'en retirer et la rejeta violemment, il est vrai, sur la bonne route. D'autres l'auraient pu faire, sans doute, mais ils ne l'essayaient pas. S'en fut-il trouvé un second pour reconstruire après avoir détruit ? — Moreau, Jourdain ou Pichegru, après avoir fait le 18 brumaire auraient-ils mis sur pied les institutions du Consulat ? C'est peu probable. Concluons donc hardiment que dans l'ordre des faits, qui seul nous importe, la France eut en 1799, besoin d'un sauveur. Et tout en proclamant si l'on veut, qu'il ne devrait jamais y avoir d'homme indispensable, tout en espérant que dans l'avenir le besoin ne s'en fera plus jamais sentir, rendons cet hommage à la vérité et cette justice à nos grands-pères, de reconnaître et de proclamer que Bonaparte fut, pour la France, en 1799, le sauveur hélas ! nécessaire.

L'ŒUVRE INTÉRIEURE

La popularité du Premier Consul et de l'Empereur fut immense, incontestée au moins jusqu'en 1807. Elle ne fut pas atteinte par la prompte rupture de la paix d'Amiens qui avait tant contribué à l'établir. Les éclatantes victoires des armées impériales vinrent même la fortifier. A Paris, la grande ville au génie inquiet et frondeur, elle résista à toutes les fautes, survécut à tous les désastres. Comment un attachement aussi durable peut-il s'expliquer?

La France fut reconnaissante à Napoléon d'avoir deviné ses aspirations, répondu à ses besoins et su confondre, au moins un moment, sa propre pensée avec la pensée de tous. Mieux que ses triomphes et sa gloire, ses réformes le rendirent cher aux Français. Elles ont longtemps passé pour admirables. C'est de nos jours seulement qu'on les a attaquées. Elles ont trouvé un implacable et terrible adversaire en M. Taine, qui les condamne sans ménagement. Pour cet historien, le Premier Consul aurait acheté la pacification du présent aux dépens de l'avenir irrémédiablement compromis et peut-être ruiné. Bonaparte aurait engagé notre histoire dans un défilé sans issue, lancé notre pays sur une pente fatale, vers les abîmes, où il roulerait d'une vitesse dès longtemps acquise, à chaque instant accrue, sans espoir de salut, sans guide et sans frein.

Nous ne croyons pas exagérer, en écrivant ceci, le pessimisme transcendant de cet auteur. Bien que la mort ait fermé sa bouche au moment où elle allait prononcer cette conclusion désolée, nul doute que pour Taine, la France ne soit à la veille de voir finir tristement sa destinée manquée. Notre édifice social est, d'après lui, tout en façade et élévation. Les fondements lui manquent et le plus solide de tous, le seul qui offre aux sociétés politiques une assise inébranlable : la vraie liberté individuelle, celle qui puise en elle-même et en elle seule le sentiment de sa force avec la notion de ses droits. Comme dans les cités antiques l'individu, chez nous, est et sera de plus en plus sacrifié à l'Etat. Et l'Etat n'est même pas la création collective de la majorité consciente et libre des citoyens, mais une coterie, une secte, l'expression tyrannique de la volonté de quelques-uns ou d'un seul, auxquels on obéit sans résistance dès qu'ils ont mis la main sur ce formidable instrument de domination : la grande et savante machine administrative, que Napoléon a construite à l'usage de tous les despotismes futurs, à commeucer par le sien,

De ce mal, Taine a minutieusement montré l'origine dans notre tempérament même, décrit les progrès dans notre développement national. A travers d'apparentes contradictions, une seule idée domine et conduit toute son œuvre historique : la France est un corps mal conformé, atteint d'une tare native, souffrant d'un mal qui reparait toujours, quelle que soit la cure employée. Malade intéressant, d'ailleurs, et sympathique, mais d'avance condamné, grand et noble vaincu dans la lutte pour la vie que les nations auront bientôt à soutenir comme les individus.

Ce malade on aurait pu le sauver. Mais celui qui devait le guérir, l'a perdu. Bonaparte a trouvé l'anesthésiant qui l'a soulagé, le fortifiant qui l'a remis sur pied : il n'a pas su deviner le remède réparateur qui devait à tout jamais détruire le germe même du mal.

II

Cette condamnation est bien sévère. A-t-on la droit de la repousser? Elle s'applique au passé et, comme une malédiction, elle s'étend à l'avenir. Réservons l'avenir et envisageons le passé. Il est difficile de dire si Bonaparte s'est, oui ou non, trompé. Mais on peut se demander s'il n'a pas dû, à tort ou à raison, agir comme il l'a fait. Peut-être, avec tout son génie, cet homme n'a-t-il été, après tout, que l'instrument d'une fatalité, — bonne ou mauvaise, nul ne le sait, mais inéluctable.

Il avait donc à choisir, en 1800, pour la France, entre les deux systèmes auxquels se ramène toute organisation politique : Le système individualiste et le système autoritaire. Le premier naît du besoin de la liberté. Il fait sortir l'Etat de l'individu, et limite étroitement l'action de la puissance publique au minimum de contrainte nécessaire pour assurer l'exercice de tous les droits des citoyens. Poussé à l'extrême, il conduit à l'anarchie théorique. — Le second naît du désir de l'égalité. Il déduit l'individu de l'Etat et circonscrit les droits de chacun à un minimum de liberté compatible avec l'accroissement de la prospérité de tous. Il aboutit au despotisme et à la tyrannie. On peut, il est vrai, chercher à les concilier. Mais dans toute conciliation, l'un des deux éléments l'emporte presque nécessairement sur l'autre, ce qui ne change pas la question. Lequel des deux Bonaparte dut-il adopter? Pour qui étudie le caractère français, tel qu'il était avant 89, et tel qu'il est resté depuis, la réponse n'est pas douteuse.

Quel était donc ce caractère et comment Bonaparte pouvait-il se le représenter?

III

S'il est un trait dominant qui le distingue, c'est sans contredit la passion de l'égalité, — D'où vient ce sentiment si vif, si susceptible, si irréductible en chacun de nous ? Nous est-il inné ou acquis ? Est-il le legs héréditaire de notre race ou la formule traditionnelle de notre politique ? Les deux probablement, l'habitude ayant, ici comme partout, fortifié la nature. Quelque soit son fonds lointain et intime, il est nous, il nous caractérise mieux que tout autre inclination. Il a dirigé notre histoire et il l'explique. Depuis dix siècles le progrès du peuple français est une conquête lente, mais sûre, de l'égalité.

Dans cette conquête, il eut pour ennemi le privilège, expression indirecte, synonyme étroit de l'inégalité ; et pour auxiliaire le pouvoir royal, imprégné dès le début, grâce aux légistes sortis du peuple, de la théorie démocratique et autoritaire du césarisme romain, l'égalité de tous sous un maître. La Révolution aurait dû consacrer le triomphe de cette doctrine : un despotisme égalitaire, telle eût dû être logiquement la formule de 91. Les Constituants rêvèrent autre chose. Ils voulurent partager avec le Roi le pouvoir qu'ils avaient conquis avec lui et pour lui. La Constitution de 91 organisait une monarchie bourgeoise et censitaire, le véritable prototype du gouvernement de Juillet. C'était substituer le privilège de la bourgeoisie aux privilèges de l'Eglise et des nobles. Le sentiment égalitaire du bas peuple en fut profondément blessé. Il lui fallut aller jusqu'à la Constitution de 93 pour avoir la formule exacte de ses aspirations, la traduction fidèle de son appétit d'égalité.

Mais par une contradiction bizarre, par un de ces phénomènes d'insconsciente duplicité morale, qui nous montrent voisinant en nous, et y faisant bon ménage, des idées. au premier abord, incompatibles, — par une de ces antinomies, qui ne semblent pouvoir se résoudre que dans la doctrine absurde et attirante de l'identité des contraires, les Français avec la passion de l'égalité théorique, combinent tant bien que mal le goût immodéré de toutes les inégalités de fait.

Avant 89, en effet, — et les choses n'ont guère changé depuis, — la France présentait autant de castes fermées que l'Inde brahmanique elle-même. Dans la nation, sous un roi tout puissant. trois ordres inégaux. Dans chaque ordre, des inégalités de classe. Dans chaque classe, des inégalités de groupes et de familles. Dans la famille même, inégalité des époux, des fils et des filles, des aînés et des cadets. C'est contre ces inégalités diverses que la Révolution se fit. Mais tout en les maudissant, en les attaquant même, on avait pris l'habitude séculaire de les admettre. La jalousie de l'inférieur était surtout faite d'envie. Courber sous le même niveau, fût-il pesant, toutes les têtes, voilà le but avoué. Maintenir indirectement cette inégalité sociale, pour en profiter, le cas échéant, à son tour, pour dominer après avoir été abaissé, et mépriser comme on avait été humilié, voilà l'instinct profond, le désir à peine avoué, l'obscur besoin de revanche, le redressement impérieux après les siècles passés à plier les épaules, qui tourmentaient inconsciemment et qui agitent encore les bas fonds ténébreux de l'esprit populaire. C'est le conflit perpétuel de l'idée pure. noble et impersonnelle et de l'instinct trouble, égoïste et bas. Leur coexistence dans le même esprit et chez le même peuple, inintelligible d'abord, s'explique facilement. L'une procède de l'autre. L'instinct refoulé et vaincu se console et se purifie par l'idée qui tire ainsi ses origines de l'instinct et, toute différente qu'elle en apparaisse, n'en sort pas moins directement, — comme des racines tordues et noirâtres, du tronc massif et rugueux, sort la fleur délicate, odorante et colorée qui se forme elle aussi, des sucs grossiers du lourd terreau nourricier.

Telle était l'âme française, très simple dans son apparente complexité. — Ne jamais être moins qu'un autre, être, s'il le peut, plus que tous les autres, n'est ce pas le souhait caché de tout Français ?

IV

Bonaparte le comprit à merveille et toute sa politique fut employée à satisfaire ce double besoin. — Il alla plus loin que la Constituante, plus loin que le Directoire surtout, ces deux essais d'oligarchie bourgeoise, jusqu'à Rousseau, son auteur favori, et jusqu'à la Constitution de 93 qui procède de Jean-Jacques, et dont lui-même s'inspira. Tout le secret de son succès, de l'amour que lui voua le peuple, une seule chose suffirait à l'expliquer : le rétablissement du suffrage universel que d'autres avant lui, avaient imprudemment restreint. Peu importe que ce suffrage ne fût ni vraiment universel, ni libre réellement, ni souverain surtout, ni même efficace ; qu'il soit devenu un leurre, une comédie politique. Il était. On l'avait proclamé. Trois fois en quatre ans on le consulta. Le peuple pouvait se croire le maître, et chaque citoyen prenait sa part de la totale souveraineté. Il n'en fallut pas davantage aux descendants des serfs, aux petits-fils des vilains, aux roturiers de la veille. La voix de leur ex-seigneur ou de leur curé ne comptait pas plus que leur voix. Leur besoin d'égalité se trouvait satisfait.

Mais à côté de cette égalité théorique subsistaient les privilèges de faits. Le vote accordé à tous n'avait pas détruit les différences individuelles de la fortune, de l'intelligence, de la considération, de la naissance même, du rang social. Les anciennes castes s'étaient rapidement reformées. Le peuple ne s'en platgnit point, au contraire. Il savait qu'elles n'étaient plus hermétiquement fermées par l'odieux et absurde privilège de la naissance. Avec de l'esprit, de la conduite, un peu de chance et beaucoup d'argent, Jacques Bonhomme ou ses fils s'élèveraient jusqu'à faire partie des dirigeants. Il n'en demandait, pas pour le moment, davantage. Certes, ils restait encore jaloux et envieux. mais avec le secret espoir d'être jalousé et envié à son tour, — et d'un cœur plus content, élargi par l'espoir, il se remettait, le rude travailleur, à la besogne, sachant bien qu'après l'égalité de droit viendrait celle de fait et que l'avenir, s'il le voulait, appartiendrait à sa robuste lignée.

V

Fort de cette idée, il fait bon marché du reste, même de sa souveraineté et de sa liberté. — Souverain, il l'est de nom. Peu lui importe de ne l'être pas en effet. D'abord, il travaille et n'a pas le temps de délibérer, de discuter. Il a peu de goût pour les nobles, mais absorbants devoirs du citoyen qui exigent de l'activité, des déplacements, de l'argent parfois. Il ne tient pas à s'administrer lui-même. Il préfère, par habitude, mais aussi par calcul et par goût, s'en remettre là-dessus aux agents de l'Etat, A chacun son métier, lui n'entend rien aux règlements et aux lois. Pour les faire observer, il prendra des gens instruits. Il n'aura garde de les déranger tant que leurs décrets ne le gêneront pas.

La liberté, il la comprend d'une manière bien différente de nos voisins les Anglais. Il réclame la liberté de travailler pour vivre et pour s'enrichir. Puis la liberté de sa vie privée. Pour les libertés publiques, il est moins exigeant. Ne faisant pas d'opposition au pouvoir, il comprend mal qu'il y ait des opposants. Il les désapprouve par principe, et il est d'instinct contre eux. Tant pis pour ceux que leurs opinions feront molester. Il ne s'intéressera nullement à eux. Très chatouilleux lui-même, s'il est victime, il pousse les hauts cris, mais bientôt se résignera. Il s'en veut de s'être mis dans un mauvais cas. Une fois délivré, il ne recommencera plus, il s'efforcera d'oublier le passé et désapprouvera ses imitateurs. Bien mieux. Il applaudit aux persécutions de pouvoir, non par esprit de vile flatterie ou par humble respect du plus fort, mais pour protester, au nom de l'égalité, contre ces brouillons qui veulent se distinguer des autres, les dépasser par conséquent, et ne savent pas comme lui rester tranquilles dans le rang.

Cela revient à dire qu'il est, en son fond, plébiscitaire d'instinct, et jusqu'à complète expérience des défauts qu'il comporte, il aura une prédilection marquée pour ce régime, Il déléguera volontiers ses pouvoirs à un homme possédant sa confiance et ayant fait ses preuves. Il lui gardera fidèlement son affection, renouvelera souvent son mandat, lui donnera carte blanche pour le mal comme pour le bien. Son dévouément sera parfois aveugle et il faudra, pour l'ébranler de terribles catastrophes dont lui-même, ce pauvre peuple si naïf et si aimant, souffrira tout le premier, sans trop se plaindre, du reste, et sans presque récriminer.

VI

Telle est l'idée générale qui, dans l'esprit de Bonaparte, semble avoir présidé à la reconstruction du pays. Elle apparaît, toujours semblable à elle-même, dans chacune des institutions qui, de 1800 à 1803, vinrent la réaliser. Elle nous explique pourquoi la France fut fortement centralisée, comment on lui donna l'administration qu'elle souhaitait. Elle nous rend compte, dans leur ensemble et dans leur détail, de toutes les grandes créations du Consulat : Concordat, Code Civil, Légion d'Honneur. Un simple coup d'œil sur chacune d'elles nous permettra d'apercevoir le principe qui en constitue la puissante unité.

C'est sur la centralisation, tout d'abord, que le Premier Consul eut à se prononcer. Il lui fallait choisir entre elle et le régime opposé de la fédération et de l'autonomie locale, de même qu'il avait dû prendre parti entre la théorie individualiste et les doctrines autoritaires. Il adopta la centralisation sans hésiter et dès le début du Consulat. Quelles raisons lui dictèrent une décision aussi grave qu'elle fut prompte et catégorique ?

Cette décision était dans la logique du système et Bonaparte, en la prenant, ne fit que rester conséquent avec soi-même. La centralisation va avec l'esprit d'égalité. La fédération, au contraire, suppose l'individualisme libéral. Des exemples récents l'établissaient avec force. De 1789 à 1800, la France avait oscillé entre les deux conceptions possibles des droits de l'individu et les deux systèmes de gouvernement correspondant à ces deux conceptions. La Constituante fut libérale et individualiste. Elle organisa fortement les pouvoirs locaux au détriment de l'autorité centrale, qu'elle ruina. Cette autorité une fois détruite, la Constitution de 91 aboutit au fédéralisme, et il fallut toute l'énergie de la Convention pour restaurer l'unité nationale imprudemment brisée en face de l'ennemi. Puis le Directoire réagit contre le retour offensif des idées d'unité. On en revint à la fédération, et par elle à l'anarchie du dedans en présence du péril extérieur. Moins libérale que la Constitution de l'an III, la Constitution consulaire fut aussi plus unitaire. Elle annihila les autorités locales, enleva toute vie politique au district et au département devenus, comme le canton, simples circonscriptions administratives, et mit les communes, déclarées mineures, sous la tutelle du Préfet, agent lui-même du pouvoir central, d'où tout doit partir et auquel tout aboutit. Plus d'intermédiaires désormais entre l'Etat omnipotent, — qu'il s'incarne d'ailleurs en un homme, ou qu'il soit l'expression d'une sorte de société politique anonyme, — et l'individu, grain de poussière flottant parmi des millions d'autres grains semblables, subissant leur attraction et leurs chocs, avec la vague conscience d'être pour quelque chose dans cette force totale immense, irrésistible qui le fait danser lui et les autres en un ballet éperdu, où il ne lui est jamais permis de s'unir à ses voisins pour tourner avec eux. C'est précisément à ce

point qu'auraient souhaité d'arriver les grands politiques de l'Ancien Régime. Leur labeur tenace de
nivellement implacable et progressif était gêné par la
résistance inerte de vieilles associations, incapables
de repousser leurs attaques, mais suffisant à les
contenir, et qui selon le mot de Louis XIV pouvaient,
malgré son despotisme, faire encore des « pelotons ».
La Révolution fit éclater ces débris, les émietta en
d'innombrables fragments, détruisit jusqu'à leur
puissance de cohésion, si bien qu'ils ne surent plus
se grouper d'eux-mêmes et qu'il y fallut une force
extérieure, la poussée des circonstances et l'irrésistible intervention du génie.

Ainsi, après dix ans d'hésitation, la politique révolutionnaire rentra dans la voie traditionnelle, la belle
et large route royale que la nation suivait depuis
huit siècles et dont elle ne s'était écartée qu'avec
défiance, et pour peu de temps, à la suite de chefs
qui, prétendant la conduire, n'avaient pas su lui
ouvrir à côté un chemin nouveau. A voir avec quelle
docilité elle se laissa ramener sur l'ancienne route,
on doit se demander si notre destinée nationale n'est
pas de la suivre indéfiniment.

La France n'est-elle pas vouée, pour l'avenir comme
elle le fut dans le passé, à la centralisation perpétuelle et progresse? Toujours plus d'unité ne serait-ce
pas la formule du développement de ce beau pays
dont Strabon admirait, il y a vingt siècles déjà, la
naturelle et puissante cohésion? Il ne nous appartient
pas de répondre ici à cette question. Mais nous sommes autorisées à affirmer que toute tentative faite, en
1800, en pleine période révolutionnaire, en pleine
guerre européenne, pour briser ou affaiblir l'idée

nationale, eût été dangereuse, imprudente et crimi-
nelle. L'idée d'une décentralisation, même partielle,
devait, sous peine de compromettre notre existence,
être renvoyée à la paix générale. Or il n'y avait pas,
à ce moment, et pour longtemps encore, de pacification possible entre la France révolutionnaire et répu-
blicaine et l'Europe monarchique et conservatrice.
Les faits. sinon le droit, sont pour le Premier Consul.

VII

La centralisation établie, il nous donna une bonne
administration. Renonçant au principe libéral assurément, mais impraticable, par sa complication et
dangereux pour l'agitation permanente qu'il entre-
tenait, de l'élection des fonctionnaires, il les fit tous
nommer par le pouvoir, investi à ce sujet d'une délé-
gation indéfinie et illimitée des droits du peuple.
Contestable en théorie. ce système produisit d'excellents effets. D'abord l'unité de vues et d'action de
tous les services publics subordonnés au chef de
l'Etat. Dans chaque service, la subordination des
employés aux directeurs départementaux, de ces
derniers au ministre. Partout la hiérarchie et ses
avantages ordinaires : la discipline, la régularité, et
quand le chef donne l'exemple, l'activité, la probité.
Or Bonaparte est le premier travailleur du pays et le
plus honnête des fonctionnaires. Il n'y a pas de
place dans son administration pour les paresseux et
pour les coquins. Sur ces derniers s'exerce la vigilance, sans cesse tenue en éveil, des chefs. Contre les
fripons l'intérêt de l'Etat est gardé par les agents de
contrôle, introduits partout, et assuré par la compta-
bilité en partie double ou triple, qui fait apparaître,

avec une infaillibilité mathématique, toutes les
erreurs commises, fautes de calcul ou détournements
frauduleux. Pour donner aux gouvernés ces garanties, il faut peut-être multiplier à grands frais le
nombre des fonctionnaires ; mais deux agents honnêtes
coûtent, somme toute, moins cher qu'un comptable
voleur. Et le peuple, débarrassé du souci écrasant de
gérer ses propres affaires en remet volontiers le soin
à cette administration qu'il sait fermement dirigée,
consciencieuse, probe et même, pour l'époque, expé-
ditive.

VIII

Si nous passons aux différentes administrations,
nous retrouvons partout la même intelligence, le
même sens profond des besoins et des intérêts du
peuple. — Il en est une où, à la fermeté du regard
embrassant l'ensemble. devait s'unir le judicieux
discernement d'imperceptibles nuances et où la main
du maître devait posséder une infinie délicatesse de
tact : c'est celle qui règle les rapports du pouvoir
civil réorganisé sur des bases entièrement nouvelles
avec l'antique autorité de l'Eglise catholique rétablie
dans une notable partie de ses droits. — Le sentiment populaire, d'abord entraîné vers un vague
déisme, puis à un culte de la raison et de la patrie
qui ne lui suffisait pas, ne s'était pas reposé dans
l'indifférence religieuse et revenait insensiblement,
sinon aux croyances du catholicisme, au moins à des
rites consacrés, à des pratiques séculaires, incorporés
à sa vie et dont l'absence lui causait une vague
inquiétude. Respectueux de tout pouvoir qui a pour
lui l'autorité des siècles, le peuple regardait vers

Rome et repoussant les prêtres constitutionnels qu'il avait élus, il accourait aux insermentés, qui s'imposaient à lui, au nom du pape.

Une réconciliation était nécessaire, inévitable, entre la France nouvelle et la vieille Eglise, un accord s'imposait entre elles, profitable à toutes deux, l'une devant appuyer sa jeunesse à la plus ancienne et à la plus forte tradition qui fût, l'autre voulant prouver que son éternité pourrait s'adapter à toutes les conditions nouvelles du monde moderne. Par ces bases, l'accord fut vite conclu et l'Eglise ne fut pas la moins pressée à y souscrire. — Elle y perdait pourtant plus qu'elle n'y gagnait. L'Eglise de France devenait, par le fait, gallicane, Elle signait sa soumission au pouvoir civil, qu'elle avait, sous nos rois, subi parfois, sans jamais l'admettre. Elle devenait l'une des administrations les plus dévouées au nouvel ordre de choses, et il fallut tout l'orgueil et toute l'obstination de l'empereur énervé par ses victoires pour rompre les liens de respectueuse et de tremblante obéissance par lesquels l'intérêt et la reconnaissance lui avaient attaché le clergé. Il avait pourtant renoncé, par le fameux article 13, à toute revendication sur les biens nationaux. Ce sacrifice qui dut lui coûter beaucoup, lui profita cependant en le reconciliant avec le peuple. Il y eut entre eux parfait accord sur deux points essentiels. — D'abord, le paysan ne voyait plus, la rage au cœur, les produits de la terre, aller sous forme de dîme, au curé ou au décimateur. Il ne la voyait plus surtout, elle même, la bonne terre, aux mains de moines paresseux et insolents qui l'accaparaient peu à peu, prenant toujours et ne rendant jamais, et la lui faisaient cultiver, à lui qui la considère volontiers comme sienne, pour

eux qui la possédaient sans droits. Cette cause de
malentendu écartée, il constatait encore avec plaisir
que le clergé, comme lui-même, comme tout le
monde, obéissait fidèlement au maître qu'il s'était
choisi. Et il s'attachait d'autant plus à ce prêtre, issu
de sa classe, menant sa vie, partageant ses goûts,
connaissant ses affaires, le conseillant au besoin,
qu'il ne voyait plus en lui un concurrent ou un
supérieur, mais un compagnon, presque un égal,
payé par l'Etat pour remplir certaines formalités
indispensables et qu'il avait seul qualité d'accomplir.
Entre eux la réconciliation fut complète et durable.
Dans les contrées où la foi n'a pas disparu, le clergé
rural, comme avant 89, fait corps avec les paysans,
Comme eux, il est peuple ; avec eux, il est démocrate
et peut devenir républicain, sincèrement. Dans les
villes, au contraire, c'est vers la bourgeoisie qu'il
penche. Et c'est dans toutes les aristocraties subsis-
tantes que les évêques, ses chefs, prennent leur point
d'appui. Ainsi reparaît la vieille hostilité entre le
noble prélat et le curé roturier ; hostilité que Bonaparte contint en les courbant, les uns et les autres,
sous le même inflexible niveau.

IX

« Unité et égalité, » encore deux mots qu'il aurait
pu graver au fronton du nouveau temple de la
Justice. Unité et égalité dans la législation, dans les
devoirs, dans les droits et dans les peines. — La
famille fut réorganisée et marquée de cette double
empreinte. Par le maintien de l'autorité maritale,
elle garde son unité. Et le droit égal des enfants au
partage y introduit, comme partout l'égalité.

Groupe organisé, seul état maintenu dans l'Etat, il lui faut un chef, responsable et unique, l'époux et le père. Mais la femme n'est pas sacrifiée. Sa condition s'améliore, au contraire, et fait un pas immense. De presque serve qu'elle était, la voilà presque libre. Au moins est-elle garantie contre l'arbitraire de son ancien seigneur et maître. Grâce au régime dotal, et à la séparation des biens, elle acquiert la disposition partielle ou totale, de sa fortune. Par le veuvage, la séparation de corps ou le divorce, elle reprend la disposition presque complète de sa personne et de ses biens. Elle est subordonnée au mari dans un intérêt supérieur, celui de la famille. Mais le mariage qui l'enchaîne de liens librement acceptés, l'émancipe en puissance, établit son droit d'être, en certains cas, l'égale de son mari qu'elle peut remplacer.

La moralité de l'union est sévèrement protégée, au point que le Premier Consul aurait failli en proclamer l'indissolubilité. L'infidélité de l'homme est un parjure et un délit au même titre que l'infidélité de la femme. Ainsi du moins le dit la loi que les mœurs n'ont pas osé sanctionner sur ce point. — En résumé cette conception du mariage qui nous semble insuffisante aujourd'hui est libérale pour l'époque, et en regard surtout de celle qui l'a précédée. Bien plus : à l'abri du régime dotal, sa forteresse inaccessible, elle a permis à la femme de s'élever à cette condition de liberté relative et, dans beaucoup de cas, à cet irrésistible ascendant qui l'a peu à peu rapprochée de l'homme, au point de lui laisser concevoir, de nos jours, le légitime désir de refondre l'antique union sur les bases nouvelles d'une réciprocité complète de droits et de devoirs différents, mais égaux.

N'est-ce pas, d'ailleurs, au profit des filles surtout,

si sacrifiées sous l'ancien régime, que l'égalité de partage est introduite dans la famille ? On critique aujourd'hui cette disposition de la loi, même avec l'atténuation des préciputs, qui rétablit, par un moyen détourné, le droit d'aînesse, mais en laissant aux parents la faculté de choisir celui de leurs enfants qui doit en bénéficier. De là proviendrait, dit-on, la dépopulation de la France actuelle, les parents voulant éviter l'éparpillement de leur fortune également partagée entre des enfants trop nombreux. — Bonaparte n'était pas un fanatique de l'égalité dans la famille. Il y porta lui-même atteinte par l'institution des majorats. Mais il devait donner aux sentiments de justice égalitaire une satisfaction au moins platonique quitte à souffrir, en certains cas, un retour au droit d'aînesse, par des moyens détournés. L'un d'entre eux devait être le malthusianisme. Ce résultat ne doit pas surprendre, si l'on veut bien se rappeler que les Français ont toujours, tant bien que mal, cherché à accorder le goût des inégalités de faits, qui est le trait dominant de leurs mœurs, avec la passion de l'égalité de droits inscrite à chaque article de leurs lois.

Le Premier Consul rétablit en partie l'ancienne procédure et, par la création des offices ministériels revint à la vénalité des emplois. Là encore le législateur s'inspira de considérations morales plutôt que de vues purement théoriques. Il savait que le peuple français, né subtil et ergoteur, ne déteste pas la chicane et apporte dans la poursuite d'un procès un peu de cette passion qui égare le chasseur à la poursuite du gibier et trouve sa satisfaction en elle-même bien plus que dans les résultats qu'elle atteint. Il inventa, pour entretenir cette manie procédurière, des gens qui

C

fussent intéressés à la conserver. Mais il les plaça sous le contrôle de l'Etat qui préside à la transmission des offices et, par ses juges, approuve les états de frais des avoués ou huissiers, surveille les notaires, et retire de toutes leurs paperasses, par le droit du timbre, de sérieux bénéfices pour lui, en spéculant sur la chicane comme il spécule sur la poudre ou sur le tabac.

Ces offices et les avantages qu'ils confirment, — considération, rang social, accession à la magistrature, gros revenus des capitaux engagés, — stimulent l'activité, l'esprit d'épargne et l'ambition du paysan, pour qui le notaire, par exemple, est le type même du bourgeois, du monsieur cossu et gagnant gros. A le voir, à l'admirer et à l'envier souvent, il fortifie sa résolution d'amasser, pour permettre à son fils d'être notaire à son tour, ou à sa fille de devenir « notaresse », sa dot dut-elle payer l'étude qui la sacrera « dame ».

On pourrait citer d'autres institutions, les agents de change, la banque, où Bonaparte a judicieusement mis d'accord, pour le plus grand profit de l'Etat, les besoins de tous et les intérêts de quelques-uns en s'inspirant toujours du même sage principe : la théorie faisant d'intelligentes et mutuelles concessions à la pratique.

Par là s'expliquent aussi d'autres anomalies apparentes de ses lois : la sévérité de la législation contre le débiteur insolvable, privé de ses droits civiques, réduit, malgré l'égalité, au rôle de citoyen passif : rigueurs qui semblèrent toutes naturelles dans un pays où la liberté absolue réclamée pour les transactions doit avoir pour corollaire nécessaire la fidélité inviolable aux engagements contractés. De même les pénalités sévères contre tout attentat à la propriété s'expliquent par une raison générale : le zèle poussé jusqu'à la férocité, du peuple a défendre son avoir, qui, ne l'oublions pas, à cette époque consistait surtout en biens nationaux, dont la possession, jusqu'à la loi du milliard sur les émigrés fut, pendant trente années, précaire, ce qui exaltait d'autant plus la passion de la propriété individuelle chez un peuple qui n'avait pas encore même la notion de la propriété collective.

X

Mais c'est dans l'institution de la Légion d'honneur que se révèle surtout l'admirable perspicacité de Bonaparte. Les jacobins fougueux, Lucien entre autres, repoussèrent toute distinction comme attentative à l'égalité naturelle des citoyens. Le Premier Consul se tint ferme à l'article de la Déclaration des Droits qui en admet pour les services rendus au public. Car il savait que le Français, avide d'égalité pour les autres, est pour lui-même avide de distinctions, en vertu de cette contradiction apparente que nous avons maintes fois signalée. Et Bonaparte ne créa qu'un seul ordre de récompenses pour les services de toute sorte, militaires ou civils : assimilation qui témoigne d'une certaine largeur de vues, pour un militaire et semble flatter un des travers innocents de notre peuple, en facilitant, par la similitude de l'insigne, une confusion que le décoré « civil » ne déteste pas de voir naître. Un moraliste pénétrant, Stendhal, attribue à la Légion d'honneur une part capitale dans la persistante popularité de l'Empereur. Il est certain que la possibilité pour l'ouvrier et le paysan de porter un jour sur leurs vêtements de travailleur, tout comme l'officier ou le bourgeois, ce glorieux insigne, a été, aux yeux du peuple, l'expression même de cette égalité qu'il aime tant, et dont la forme la plus noble et la plus efficace est sans contredit, après l'égalité à la peine, l'égalité à l'honneur.

Ainsi, dans cette œuvre si complexe, et pourtant d'une si puissante cohésion, nous retrouvons encore ce mélange, à proportions savantes, de déduction rigoureuse et de sens pratique, les deux facultés maîtresses de Napoléon. Et quelle merveilleuse souplesse dans l'exécution de cette œuvre dont la conception est si une et si forte ! Politique profond et ayant le sens de l'histoire, comme on le voit par l'établissement de la centralisation ; diplomate avisé et qui sait tenir tête à l'Eglise, la Mère et l'Institutrice de la Diplomatie ; psychologue incomparable, qui connaît et satisfait à la fois les nobles inspirations et les petits travers d'un grand peuple ; tel est en son œuvre intérieure, Napoléon Bonaparte.

XI

Tout ceci ne l'oublions pas, se rapporte à la France de 1800 et ne saurait entièrement s'appliquer à celle de 1897, qui, tout en restant identique en son fond, a subi, éprouve, ou appelle tant et d'aussi graves améliorations. Notre point de vue est rétrospectif et nous suivons pas à pas et sans la devancer, la marche de l'histoire. Au moment de chercher à l'œuvre du Premier Consul, après son explication pratique par les besoins du temps où elle naquit, sa justification théorique dans les écrits des contemporains, nous réservons tout ce que l'on est convenu d'admettre, de nos jours, comme dogmes de la politique pour ne nous attacher qu'aux idées qui pouvaient régner, à ce sujet, sur la France de 1800.

Bonaparte ne pouvait s'inspirer, alors, que de l'exemple des autres peuples civilisés, de l'expérience du nôtre, des théories en faveur, ou des conceptions de son génie.

Des exemples, la Suisse, la Hollande, l'Angleterre et les Etats-Unis (nous ne parlons ni de Venise mourante ni de la Pologne morte), pouvaient seuls lui en fournir. Or, la Suisse, dont il contribua à faire un pays démocratique, était dominé par la double fatalité de sa position géographique et de sa formation historique qui en firent une confédération faiblement unifiée de petites circonscriptions surtout rurales dont l'étendue restreinte pouvait s'accommoder d'un gouvernement populaire.

La Hollande était moins un état qu'une vaste association de marchands qui subordonnèrent toujours leur patriotisme aux intérêts de leur commerce et réglèrent leur constitution politique sur les aspirations précises, mais bornées d'une oligarchie d'armateurs.

L'Angleterre, état plus fortement constitué, s'était fondée sur la base inébranlable d'une solide liberté individuelle : mais elle devait ce bienfait à son isolement d'abord, qui lui permit de restreindre la prérogative royale au profit des droits des citoyens ; à la Réforme ensuite, qui, brisant le catholicisme avait ruiné avec lui le principe d'autorité spirituelle pour lui substituer la libre interprétation des textes par le père de famille chrétien : conditions diamétralement opposées à celles du développement de la France.

Les Etats-Unis, à l'individualisme anglo-saxon, ajoutèrent, dans le gouvernement, le principe fédératif, qui en est le développement logique et dont l'application leur fut d'ailleurs imposée dans la

Constitution de 87, par la volonté divergente des Treize Etats qui, nés et grandis séparément, mais libérés par un effet commun voulaient rester isolés pour vivre et unis seulement pour se défendre. Il est donc très inexact de comparer, pour le lui préférer, Washington à Bonaparte. Le devoir du premier était bien, en effet, de sauvegarder toutes les libertés déjà existantes de son pays et de s'effacer après en avoir inauguré et assuré le libre exercice. Le devoir de l'autre était de rechercher quelle somme de liberté pouvait être laissée à ses concitoyens encore asservis la veille, et de satisfaire, avec leur soif d'égalité, fut-ce même à son profit, le besoin d'unité qui, alors plus que jamais, s'imposait à eux.

Car, nous l'avons déjà dit plus haut, l'expérience des dernières années et peut-être de notre histoire entière se prononçait nettement, en 1800, en faveur de l'unité. Et cette unité, dans l'absence de mœurs politiques et parlementaires chez la nation, seul le gouvernement d'un homme pouvait la donner d'abord.

Les théories républicaines étaient, en effet, très diverses, très vagues et peu répandues. Sous la Révolution elles n'avaient modifié que la surface du pays resté immuable en son fond. Montesquieu n'avait pas indiqué ce que devait être une grande république unitaire. Rousseau l'avait à peine entrevu. Les Conventionnels s'étaient épuisés à une vaine tentative de résurrection des républiques antiques. Beaucoup de gens éclairés n'allaient pas, avec Voltaire, au delà de la théorie du bon tyran, du souverain qui veut bien être, comme Frédéric de Prusse, le premier serviteur de ses sujets.

De toutes ces idées, un amalgame inconscient s'était fait dans l'âme du peuple avec ses instincts

traditionnels et ses aspirations nouvelles, — entre son
« conversatisme » profond et son obscur besoin de
justice. Bonaparte devina la pensée qui s'agitait aux
flancs du pays, cherchant à se dégager, demandant à
vivre. Il la mit au jour et la montra à tous telle qu'on
la souhaitait et qu'on l'attendait. Le peuple la reconnut et l'acclama. Il voulait vivre avec cette idée
nouvelle. Ignorant des lois du progrès, ne compre-
nant pas qu'ici bas tout change et tout évolue, il crut
avoir trouvé la formule définitive du monde nouveau.
Il conclut alors un contrat avec celui qui la lui avait
révélée, un contrat à long terme, illimité, qu'il croyait
révocable à son gré, avec l'intention bien arrêtée
d'ailleurs de le proroger indéfiniment en accordant
d'avance à la nouvelle dynastie, cette longue, et persistante, et infatigable fidélité qu'il avait conservée,
huit siècles, sans protester, à la dynastie déchue.
Ainsi, dans ce qui pouvait être le droit politique du
temps, comme dans l'intention sincère de la grande
masse instinctive des humbles, le mariage d'amour
de la France à Napoléon était légal et durable, souhaité et souhaitable, au point d'avoir pris l'apparence
d'un mariage de raison.

XII

Mais il faut distinguer entre les institutions administratives de Bonaparte Premier Consul, qui restèrent
et le gouvernement de l'empereur Napoléon Ier qui
passa. Autre chose est, en effet, dans une machine,
l'ensemble des rouages qui produit le travail demandé,
et autre chose le moteur qui leur imprime l'impulsion
nécessaire. En France depuis 1800, le moteur a changé
souvent, sans que l'on ait dû, pour cela, modifier les

rouages. Ils obéissent de nos jours, au mouvement que lui transmet la Nation souveraine, comme ils ont subi, de 1801 à 1814, la suprême direction d'un seul homme. Le gouvernement de Napoléon aboutit très rapidement au despotisme le plus absolu. Sans doute cette impérieuse volonté s'exerça souvent pour le bien de la France. Elle ne négligea rien de ce qui pouvait eontribuer à notre grandeur : agriculture, industrie, commerce. Malgré notre marine détruite et nos colonies perdues, l'empereur creusait des ports pour recevoir les flottes futures et les produits des pays lointains qu'il pensait bien recouvrer un jour. Ses finances étaient prospères; son administration irréprochable. En quelques années de paix on serait revenu au plus beaux temps de Louis XIV, de Colbert et de Louvois réunis en une seule personne,

Mais toutes les garanties libérales s'en allaient l'une après l'auire. Plus de liberté de la presse, la censure rétablie. Plus de contrôle effectif du pouvoir: les assemblées sont dociles ou muettes. Les querelles religieuses sont rouvertes; un schisme paraît imminent. Avec cela, le commerce, après 1807, languit. Les impôts, au contraire, augmentent. Le déficit reparaît, malgré la restauration, sous le nom de droits réunis, des aides exécrées, de l'odieuse gabelle. Bref tous les maux de l'ancien régime, avec l'effroyable conscription en plus, voilà où nous sommes revenus avec le retour du despotisme.

Mais est-ce là un régime définitif ou une situation purement transitoire? Le pays a-t-il perdu à jamais tout ce qu'il avait si péniblement acquis? Notons que l'empereur n'a pas encore renié son principe et son origine : le consentement populaire. En 1815, après nos premiers revers, il est vrai, par un nouveau plébiscite, il y reviendra. Cette suprême garantie, qui supprime toutes les autres, puisqu'elle les contient, sommeille ; mais elle n'a pas péri. La Constitution de l'an VIII, elle aussi, subsiste, bien que mutilée, négligée, presque mise au rancart. En 1814 le corps législatif pourra encore relever la tête.

Ainsi donc la liberté compromise n'est cependant pasmorte. Mais on en a suspendu et entravé l'exercice. Il y a une raison à cela, une raison d'Etat. C'est que depuis 1803, la France est en guerre et ne retrouvera la paix définitive, — l'Angleterre et l'Espagne n'ayant jamais désarmé, — qu'en 1814. La France est moins un Etat qu'une place de guerre, une ville assiégée et bloquée. Son chef est moins un souverain qu'un général. Dans notre pays, citadelle de l'idée révolutionnaire en Europe, il a fallu établir l'état de siège. On en est venu peu à peu, mais presque nécessairement à une dictature militaire. Ainsi s'explique autant que par l'orgueil, l'ambition, le désir de commander de Napoléon, le retour de l'absolutisme chez nous.

Mais le dictateur n'a-t-il pas intérêt ou plaisir à provoquer et à prolonger la guerre pour resserrer et proroger sa dictature ? C'est fort possible, probable même ; on le répète partout.

N'est-il pas le seul à vouloir la continuation de cette effroyable lutte ? N'a-t-il pas contraint ses ennemis à s'y engager à fond, jusqu'à la victoire due à l'épuisement d'un des deux adversaires ? C'est ce que l'on admet d'ordinaire, un peu trop vite à notre avis. La question vaut la peine d'être, une fois de plus, posée et examinée.

4

LA POLITIQUE ÉTRANGÈRE

I

Sous le politique avisé, le réformateur ingénieux et l'administrateur habile subsistait le général que l'opinion européenne plaçait, à ce moment, parmi les trois ou quatre plus grands. Les triomphes civiques de trois imposants plébiscites pourront-ils effacer, dans l'âme du Premier Consul, les souvenirs enivrants des victoires d'Italie, ces premiers rayons de la gloire, qui brillent toujours d'un si vif éclat ? Il est à craindre que, tout puissant et adoré d'un grand peuple, le plus haut magistrat civil de la République française ne veuille en devenir le chef militaire : et il le devient, en effet, quand le Consul, qui n'avait pas légalement le commandement des armées, se fait élire Empereur, au sens du mot latin « Imperator ». Mais depuis plus d'un an déjà la guerre a recommencé. Et, de fait, elle ne cessera qu'à l'abdication. A peine l'entrevue de Tilsit a-t-elle donné, trois ans plus tard, l'espoir d'une pacification générale, que Junot s'achemine vers le Portugal en traversant l'Espagne, d'où l'on ne nous chassera qu'en 1813.

Ainsi Napoléon s'abandonne, pendant dix ans, à son irrésistible penchant pour la guerre. Il en savoure le goût violent et amer, il en épuise les âpres jouissances, comme pour satisfaire un besoin exagéré d'émotions violentes, de sensations rares, de frissons surhumains, et, disons le mot, un insatiable appétit de carnage, une soif inextinguible de sang.

Aprés Tilsit, qui lui permettait de se reposer dans sa force, cela devient une habitude et une manie. Quand il partira pour Moscou, ce sera de la folie furieuse. Les désastres qui surviennent semblent n'ajouter qu'un ragoût inconnu à cette funeste passion. On se saisit de l'aliéné dangereux. On l'enferme. Il s'échappe de sa cage de l'île d'Elbe pour aller faire tuer quatre-vingt mille hommes en Belgique, et redevenir, ne fût-ce que pendant cent jours, le fléau de Dieu, l'Attila moderne, le despote sanguinaire qu'il a toujours été. Sa gloire, qui brille déjà, son immortalité, qui n'a pas attendu sa mort, c'est sur dix-huit cent mille cadavres français et plus de trois millions de cadavres d'Européens, c'est sur cinq millions de squelettes humains qu'elle s'élève. Ne s'effondrera-t-elle pas plus vite que ces fragiles et pitoyables débris? Le cours rapide du temps ne l'aura-t-elle pas balayée avant que les eaux terrestres n'aient dispersé la poussière de ces ossements dilués ?

Telles sont les invectives à la mode contre Napoléon. Cet homme n'a vécu que pour le malheur des hommes. A son pays, il a ravi la liberté. Il voulut enlever son indépendance à l'Europe. Il laissa la France épuisée, ruinée, démembrée, moins grande qu'il ne l'avait reçue, en face d'une Europe à qui la victoire n'apprit pas le pardon, et qui resta, vis-à-vis de nous, irritée, antipathique et défiante. Et tout cela pour avoir voulu gagner plus de batailles rangées et faire tuer autant d'hommes qu'aucun des foudres de guerre qui l'avaient précédé. Aussi tout homme juste doit-il, même s'il est français, le maudire et l'exécrer, et l'inscrire au nombre des trois ou quatre grands malfaiteurs publics qui déshonorent notre race.

II

Cette conception est trop simple pour être exacte.
Si l'Empereur voulut la guerre contre l'Europe,
l'Europe voulut aussi la guerre contre l'Empereur. La
France, l'aînée des nations, le plus ancien des
royaumes, et qui fut, avant tous, grande, riche et
puissante, fut aussi, plus que tous, enviée, détestée,
convoitée par les Etats plus jeunes et leurs peuples,
nos cadets. Ils la haïrent surtout quand, l'ayant crue
décrépite, avec Louis XV, ils la retrouvèrent, trente
ans après, incroyablement rajeunie, sous Napoléon.
Et leur exécration, où la crainte entrait pour beaucoup, se serra autour d'une haine qu'inspirait surtout
l'intérêt mercantile : celle que l'Angleterre, la puînée
des grandes puissances nous a vouée de tous temps,
et principalement à l'époque où, suivant son exemple
et mettant à profit ses leçons, nous aurions voulu partager avec elle l'honneur d'être une grande nation libre
et de faire, en sa compagnie, une glorieuse exception
au despotisme qui sévissait sur l'Europe.

C'est avec nous que, logiquement. elle aurait dû
être. Et c'est contre nous qu'elle fut, implacablement.
De 1792 à 1815, vingt-trois ans, presque sans inter-
ruption, sous la Révolution, sous l'Empire, elle dirigea
le chœur des puissances suscitées contre nous. Et il
fallut Waterloo pour contenter sa haine, Ste-Hélène
pour assouvir sa vengeance. Si donc la responsabilité
de toutes ces guerres, la souillure de tout ce sang
doivent retomber sur quelqu'un, en dehors de l'inexorable fatalité, Napoléon et les Anglais en partageront
la honte, et par moitiés rigoureusement égales — pour
le moins.

III

Il est aisé d'en faire la preuve. — L'Angleterre est un grand pays, et peut être de tous le plus grand, le plus admirable. Mais il n'a pas su, lui qui commande à tant d'hommes, être vraiment le plus « humain ». C'est le plus égoïste au contraire, le plus violemment personnel, le plus nettement *individuel,* non le plus *individualiste*.

Mais, chose curieuse, il nous offre, dès le début, le contraste presque piquant d'nn tempérament vigoureux et envahissant, enfermé par le hasard dans les bornes les plus restreintes, et limité, dans son développement, par la ceinture de l'Océan qui l'enveloppe. Dès ses premières années, ce robuste enfant s'y trouve mal à l'aise ; craignant d'y manquer d'air et d'espace, il s'agite, il se démène. Il étend ses petits bras, par delà les détroits, jusqu'au continent voisin. Il lui faut un peu de la France, toute la France même, s'il est possible. D'où la guerre de Cent-Ans.

Sa turbulence et son appètit, en grandissant ne font que s'accroître. Sa prise tenace s'étendra un jour au monde entier. Et ses convulsions secoueront la terre. Dès le XVIIe siècle il veut l'Océan, tout l'Océan avec ses insondables espaces. Les quatre parties du monde, les continents inexplorés le tentent aussi.

Mais il traverse, au XVIIe siècle, une crise terrible et salutaire, comme celle de la puberté. Quand il se relève, guéri et fortifié, il s'aperçoit que d'autres lui ont disputé son empire. La mer et les colonies sont aux Hollandais, aux Portugais, aux Espagnols, aux Français. Il arrive trop tard. La meilleure part est prise. Il ne se décourage pas. Il la ravira aux premiers possesseurs.

Car ces soi disant colonisateurs ont excellé surtout à prendre les colonies des autres, et leur marine est devenue la première, en tuant successivement et méthodiquement toutes les autres.

La Hollandaise, d'abord, par l'Acte de Navigation. La Portugaise, par le traité de Méthuen. L'Espagnole, au cap Saint-Vincent. La Française, à Trafalgar. De même pour les colonies. Les Anglais ont mis, à cette œuvre de destruction et d'accaparement, une passion singulière, intense, admirable. Sous W. Pitt, ils y auraient vendu leur dernière chemise. A Waterloo, ils s'y seraient fait hacher sur place. On eût dit que c'était pour une question de vie ou de mort.

Et c'était presque cela. Dès que les marchands anglais, leurs premiers débouchés ouverts, eurent trouvé à vendre et à gagner, ils employèrent leurs bénéfices à s'ouvrir de nouveaux marchés et à y écouler de nouveaux produits. Gagnant sans cesse, ils fabriquèrent toujours davantage. Fabriquant davantage, ils voulurent vendre de plus en plus. D'où la nécessité de prendre toujours, et d'étendre ainsi, par ondes successives, indéfiniment, leur industrie, leur commerce, leurs possessions, jusqu'au confins du globe habité, et sans autres limitations que celles qu'on peut leur imposer par la menace ou par la force.

Or, plus que jamais, à la fin du xviiie siècle, l'Angleterre souffrait de ce mal de croissance. On commençait à y exploiter la houille et à y employer la vapeur. L'industrie allait prendre un développement immense. Le commerce devait grandir en proportion. La grande maison, sur le point de doubler ses affaires, voulut s'assurer des clients, et surtout tuer la maison rivale, qui pouvait les lui disputer.

C'est là le secret de la haine inexpiable des Anglais contre la France.

IV

Car Richelieu, Colbert, Machault et Napoléon, voulant leur patrie grande en toute chose, rêvèrent pour elle la suprématie dans l'industrie, le commerce, la marine et les colonies. Napoléon surtout n'y renonça jamais. Le commerce maritime fut l'une de ses préoccupations dominantes. S'il fit la guerre sur le continent, c'était pour avoir la mer. Cet apparent paradoxe est, à y regarder de près, une banalité historique. Pendant toutes nos guerres du xviiie siècle, la partie se joua en Europe, mais nos colonies en furent l'enjeu. L'Angleterre, avec une habileté infernale, brouilla les cartes sur le continent, nous y engagea dans des luttes absurdes et épuisantes, pour voler plus librement nos flottes et nos possessions d'outre-mer.

En 1803, elle continue cette conduite. Elle sait que, si la France reste en paix, elle redeviendra fatalement, sous l'énergique impulsion de Napoléon, une grande puissance maritime et coloniale. Or, nous avons pour alliés précisément les pays maritimes : Hollande, Espagne, Portugal. Nous possédons, en face de Londres, un port qui vaut autant, et peut-être mieux, Anvers, ce pistolet chargé, qui la menace en plein cœur, qui va partir peut-être... Une seule voie de salut reste aux Anglais : la guerre, et la guerre continentale. L'aristocratie d'outre-mer le comprend ; malgré la lassitude du peuple, elle rompit avec nous. Les historiens les plus prévenus admettent que Pitt et Napoléon s'y décidèrent avec un empressement égal.

L'Angleterre ayant, sans conteste, plus d'intérêt que nous à cette rupture, nous sommes bien près de croire que c'est elle qui la provoqua.

V

Elle entraîna successivement toute l'Europe, qui, par haine dn nom français, devait servir aveuglément les intérêts de l'Angleterre. Les monarchies du continent combattirent pour assurer leur indépendance territoriale. Mais elles la payèrent de leur sujétion économique et de leur effacement maritime, en faveur du puissant auxiliaire, qui les dirigea et les fit vaincre.

Si disputée que fut cette victoire, elle était à prévoir, et les Anglais y travaillaient presque à coup sûr. Le triomphe définitif était pour eux affaire de ténacité, de résistance inerte. Une seule arme pouvait les blesser à mort : le blocus continental. Et cette arme gigantesque, nulle puissance humaine n'était capable de la manier avec efficacité.

Si jamais il y eut conceptions géniale et séduisante pour un grand esprit, c'est bien celle-là. Mais dangereuse et aussi impraticable au regard des gens de simple bon sens. — La première idée en vint de l'Angleterre. Napoléon n'attaqua pas. Il se contenta de riposter.

Or, les Anglais s'étaient arrogé, en fait et en droit, le monopole du commerce maritime. Leurs prétentions n'allaient à rien moins que de l'interdire à la France et à toutes les autres nations. Ils fermaient la mer à l'Europe pour leur profit exclusif. Napoléon résolut de fermer le continent aux Anglais, au profit de l'Europe et de la France.

Juste revanche, ou simplement mesure défensive, injustice rendue, si l'on veut, égale à l'injustice commise, aussi condamnable ou aussi excusable de l'un et de l'autre côté.

L'Angleterre va même plus loin. Ne pouvant plus transporter ses produits dans l'Europe qui lui est fermée, elle contraint les navires neutres à venir les chercher dans ses ports, en échange de ceux qu'ils y déposent. C'est le commerce obligatoire et forcé. L'Empereur y répond par l'interdiction forcée du commerce.

Dans ce duel terrible, les deux adversaires se rendent coup pour coup. Mais c'est l'Angleterre qui a engagé la première passe. Dès 1805, le bombardement de Copenhague montra le cas qu'elle faisait des droits des neutres, des droits qui ne sont pas les siens, du droit enfin. Les Anglais agissaient en barbares. On était autorisé à les mettre au ban de l'Europe.

Mais l'Europe ne le comprit pas, ne voulut, ni ne put le comprendre. Cliente de l'Angleterre qui lui fournissait les objets manufacturés dont elle ne pouvait se passer, étant encore incapable de les produire, et en échange desquels elle lui envoyait ses produits agricoles ; impuissante à improviser brusquement un outillage qui lui eût permis de secouer le joug économique des Anglais ; peu désireuse de voir passer leur monopole industriel à la France qui se suffisait à peine à elle-même, la vieille Société Européenne repoussa les avantages possibles et futurs du blocus pour n'en apercevoir que les inconvénients certains et immédiats. Elle ne voulut pas d'un bien prématurément apporté, et détesta le bienfaiteur en qui elle voyait un étranger et un ennemi. Restant logique avec elle-même, avec

D

sa haine de toute émancipation, dans cette lutte pour la liberté commerciale, elle se mit toute contre le libérateur.

Mais si les peuples européens pouvaient agir ainsi dans la plénitude de leurs droits, sinon avec une vue juste de leurs intérêts, il n'y avait pour le peuple français qu'une voie à suivre. — Puisque la question de la prépondérance maritime n'était pas réglée et que le moyen lui restait d'y prétendre encore, il eût manqué au devoir, il eût failli à l'honneur, en ne revendiquant pas ses droits, et les droits de tous, contre le plus insolent et le plus tyrannique des monopoles. — L'on eut ainsi une répétition de la lutte contre Carthage. Seulement, cette fois ce fut Carthage qui vainquit et Annibal se trouva à Rome. La victoire décida que la mauvaise foi serait mise sur notre compte. Pour nous seuls, l'Angleterre fut la perfide Albion. Une fois de plus, Annibal fut chassé de sa patrie. Et il devait s'y trouver des hommes pour le maudire et le flétrir de n'avoir point, jusqu'au dernier moment, désespéré de Carthage.

VI

Si l'Angleterre nous avait voué une de ces haines de marchands, qui ne pardonnent pas, l'Europe nous poursuivait d'une de ces haines politiques qui ne désarment jamais. Il y avait, entre elle et nous, dissemblance absolue, antipathie irrésistible. En 1804, elle a pour dogme, le droit divin, pour règle, le droit dynastique. Son vieil édifice monarchique porte sur deux piliers, le clergé d'état, la féodalité. Les peuples n'ont pas de droits. Le servage, en de nombreux pays, règne encore.

La France au contraire, a pour dogme la souveraineté de la nation. C'est le peuple qui a délégué à Napoléon le droit de régner sur lui. L'édifice social répose sur tous les citoyens indistinctement. Plus de nobles ni de clergé privilégiés. L'égalité est inscrite dans la déclaration des droits de l'homme et du citoyen. Tous les Français se croient libres, et ils sont tous égaux.

De ces deux formes politiques et sociales, en vertu d'une loi historique constante, l'une devait s'accroître fatalement de tout ce que l'autre perdrait. Il fallait qu'une des deux triomphât et que disparût sa rivale. Ainsi le régime de la Tribu avait fait place au régime de la Cité ; puis les cités s'étaient fondues en une seule. Ensuite la cité de la Terre s'était désagrégée devant la rapide invasion du particularisme féodal. Celui-ci s'était évanoui, à son tour, absorbé dans les royautés nationales. Mais voici qu'un vent nouveau s'est levé. Les peuples devenus majeurs brisent leurs lisières et veulent chasser leurs tuteurs. L'un d'eux commence et y réussit : c'est le nôtre. Avec une rapidité foudroyante, de gré ou de force, son exemple gagne les peuples voisins. L'épidémie est déchaînée ; la contagion gagne sans cesse. Nulle puissance humaine n'est capable de la contenir ou de l'arrêter. Après avoir atteint le Rhin, sous Napoléon, elle aurait franchi sans lui cet étroit fossé. Elle se propageait de proche en proche, comme s'étaient étendus tous les régimes précédents, le système féodal lui-même. Les vieilles monarchies, menacées par ce fléau, effrayées par l'exemple de Louis XVI, s'acharnent à le combattre. Il progresse cependant. Il va triompher peut-être, submerger le continent. — Non, l'Angleterre veille. Elle a la liberté, sa liberté.

Elle ne la désire point pour les autres. On arrêtera cette peste nouvelle, on la rejettera dans son foyer primitif ; trop tard, cependant, car le terrible virus s'est insinué dans le sang des peuples, et le microbe libertaire, malgré les Rois, ne périra plus.

VII

Ainsi, de même qu'entre l'Angleterre et la France, la rupture était, en 1803, inévitable, et qu'une lutte sans merci devait alors s'engager jusqu'au règlement définitif de la question qui les mettait aux prises, question d'intérêts pour les Anglais, question d'honneur pour nous ; de même après 1802, l'Europe restait vis-à-vis de nous, armée et défiante, désirant en secret et cherchant dans l'ombre un prétexte quelconque de guerre contre cette nation qui brusquement s'était faite différente des autres, contre ce peuple qui tendait la main aux peuples par dessus les têtes des rois, contre cet état dont l'existence reposait sur un principe qui menaçait l'existence de tous les autres. La lutte entre ces intérêts opposés ou ces idées contradictoires pouvait être un moment conjurée : nulle puissance humaine ne l'aurait empêché d'éclater dans un bref délai. Il est donc inutile de scruter en détail les causes des déclarations de guerre ou les clauses des traités de paix pour déterminer de quel côté vint chaque fois l'agression et pour flétrir ceux qui ont assumé la responsabilité d'aussi fréquentes ruptures. En fait, elle est également partagée, et Napoléon ne déclara pas la guerre bien plus souvent qu'elle ne lui fut déclarée. Eût-il été le premier à prendre l'offensive qu'il ne mériterait pas absolument son renom de perpétuel agresseur. On attaque souvent pour se défendre, et lorsqu'un conflit doit s'élever entre deux nations ou deux sociétés, si les circonstances l'ont rendu nécessaire et inévitable, les volontés humaines qui le retardent ou le précipitent doivent être comptées pour bien peu.

Non que l'action du génie ne soit dans la plupart des cas, considérable, décisive parfois et sensible toujours. Mais elle est bornée à la fois dans le temps et dans l'espace par des conditions naturelles auxquelles elle doit nécessairement se conformer. Comme une force quelconque, elle s'exerce dans un certain sens, et pour un temps donné, avec une vitesse appréciable, une dépense et une déperdition continuelle de son énergie, qui s'épuise par la résistance qu'elle rencontre et se disperse dans les obstacles qui lui sont opposés. Un moment vient où cette force active qui a refoulé devant elle d'autres forces passives, devient, après un instant d'équilibre passive à son tour, et subit une réaction contraire. Cette loi s'applique aux masses humaines comme à la matière brute et inerte. Contre les forces élémentaires, la toute puissance du génie lui-même ne saurait prévaloir.

VIII

Il y eut pourtant, dans l'œuvre de l'Empereur, à partir de 1807 surtout, une intervention continuelle, progressive et abusive de l'imagination, de la fantaisie et du caprice individuels en des questions où seule devrait régner la Raison s'inspirant des intérêts les plus généraux des peuples. Il semble que, pour un temps, la volonté d'un homme dût tout dominer. De gré ou de force le monde se plia à ses conceptions arbitraires. Et Napoléon en arriva, dans la terreur et le tremblement de tous, au point de n'avoir qu'a souhaiter quelque chose pour que cela fût. Alors lui le disciple de Rousseau, l'ami de Robespierre, le sauveur de la République, le fils de la Révolution, il en vint à rentrer, par une une voie détournée, dans les plus fâcheux errements de l'Ancien Régime. Il se trouva bientôt appliquer à son profit les plus détestables maximes da cette politique sans règle et sans pudeur qui triomphait, avant 89, dans tous les cabinets de la vieille Europe et s'inspirant, pour unique maxime du droit du plus fort, hypocritement déguisé sous le nom pompeux de Raison d'Etat, à peine contenue par la sourde hostilité de prétentions analogues, mais rivales, qui dissimulaient leur convoitise derrière la nécessité provisoirement admise d'un équilibre européen, avait donné sa mesure et dévoilé sa turpitude dans l'assassinat juridique de la Pologne, son chef-d'œuvre incontesté. Il est triste d'avoir à constater que l'œuvre de Napoléon repose sur la même absence de principes. Cet homme qui, en d'autres sujets, comprit admirablement son époque et projeta souvent sur l'avenir des rayons de pénétrante divination, fut, par sa politique extérieure l'esclave du passé dont il ne sut pas écarter l'obsession mauvaise. Pour lui, il n'y eut bientôt d'autre droit que la force. Plus franc parce qu'il se sentait plus fort que les Rois de l'Ancien Régime, il ruina le vieil équilibre, considéré par lui comme une conception surannée. Et il créa une Europe toute nouvelle, compliquée, bariolée, à peine viable, et que pouvait seule faire durer l'emploi continuel de la violence mise au service d'une infatigable vigilance, et d'une inflexible volonté.

IX

Qu'est, en effet, l'Europe de Napoléon, celle de 1810; qu'est, à la même date, son Empire? Une construction hâtive faite d'après les règles anciennes avec des matériaux mal choisis et mal ajustés. Pendant la guerre, il conquiert. A la paix il annexe. Après la guerre et pendant la paix, il conquiert et il annexe encore. Les anciennes unités, politiques historiques ou arbitraires, il les brise. Ailleurs il associe des antipathies séculaires. Les vieilles dynasties, populaires ou détestées, amies ou ennemies de la France, il les chasse. Il défait, refait, remanie constamment la carte de l'Europe, sans aucun esprit de suite, sans aucune idée d'ensemble, insoucieux des aspirations des peuples qui n'existent pas pour lui et qu'il ne songe jamais à consulter. Ils ne sont qu'une proie, un butin de guerre, un bétail qu'il compte par têtes, et qu'il répartit entre ses parents, ses amis, ses serviteurs, ses alliés, à raison de leur dévouement présumé à sa personne ou de leur fidélité probable à ses intérêts. C'est bien l'ancienne politique dynastique qui ramène les droits des peuples aux convenances d'une famille ou d'un homme. L'Ancien Régime, ruiné en France, est conservé en Europe, par l'homme même dont l'avènement en a consacré la disparition de chez nous.

Contradiction regrettable, assurément, mais excusable par le vertige de la toute puissance, l'enivrement du succès, l'insatiabilité de notre nature, l'impossibilité pour un homme ou un peuple à qui rien ne résiste, de s'arrêter d'eux-mêmes; excusable aussi chez Napoléon, par son ignorance à peu près

complète de l'histoire européenne et par les idées très
funestes qu'à défaut de connaissances certaines, il
s'en était forgé. Grave lacune chez un grand politique, mais dont il serait injuste de lui faire un crime.
En France, vers 1810, on connaissait très mal notre
passé national, et on ne savait presque rien des pays
étrangers. L'histoire était un amas de notions inexactes
et confuses, que nulle vue d'ensemble ne venait
éclairer. C'est à peine si Condorcet avait dégagé de
cette masse informe la grande idée du Progrès. Et
cette conception était trop récente pour être très
répandue. Les conservateurs s'en tenaient pour la
philosophie de l'histoire aux idées chrétiennes de
Bossuet. Les successeurs de Rousseau et de Voltaire,
ignorants et dédaigneux de tout ce qui les avait pré-
cédés, ne croyaient qu'à la raison et à la nécessité de
son triomphe définitif, complet et immédiat.

Or, c'est parmi ces derniers que se rangeait Napoléon. Il partageait en toute sincérité leurs convictions, et il possédait les moyens de reconstruire la
réalité d'après leurs théories. Pour lui comme pour
eux, tous les peuples européens, l'Angleterre exceptée,
au regard de la Raison, n'existaient pas. C'était un
ramassis d'esclaves que quelques tyrans courbaient
sous leur joug. N'étant pas libres, ils ne possèdent
aucun droit. Il n'ont ni le statut individuel qui, de
l'homme fait un citoyen; ni, à plus forte raison, la
liberté du consentement qui, des citoyens fait une
nation. Napoléon ne leur reconnaît qu'un droit : le
droit à être affranchis. Comme l'affranchissement ne
leur viendrait pas de leurs maîtres, il fallait qu'un
autre, du dehors, le leur apportât. Deux peuples seulement l'eussent pu faire : l'Angleterre et la France.
Mais les Anglais considèrent volontiers leurs droits

comme un privilège dont il est inutile d'étendre le bénéfice à d'autres. Restait la France, dont c'était le rôle, bien plus le devoir, d'aider tous les peuples à entrer en possession de leurs droits, à transformer en acte la puissance d'être libre, qu'ils portaient en eux.

X

Voilà à quoi peuvent se réduire les idées de Napoléon sur la situation réciproque de la France et de l'Europe, et sur le rôle qui semblait dévolu à notre pays. Ce raisonnement rigoureux, ces affirmations tranchantes, cette simplification à outrance nous choquent et nous révoltent aujourd'hui. Mais un siècle a passé depuis que s'affirmaient ces doctrines, un siècle riche d'expériences, de savoir, d'idées et de faits, au cours duquel la conscience humaine, s'éveillant du demi-sommeil où elle végétait, s'est saisie elle-même, en son présent et dans son passé, et a fini par comprendre le véritable sens des mots qu'elle balbutiait. On a su de nos jours ce qu'étaient la liberté vraie, l'égalité réelle, un peuple, une nation. En 1810, on l'ignorait. Il a fallu pour nous l'apprendre que Napoléon fît des erreurs et commît des excès. Il s'y laissa entraîner en partie par faiblesse humaine, mais surtout parce qu'il croyait bien faire. Le résultat sembla prouver qu'il s'était trompé, et il mourut peut-être dans cette idée. La suite, nous le verrons, atténua sa faute, et le réhabilita. Mais de 1805 à 1810, s'il bouleversa à plaisir la carte d'Europe, taillant, coupant, recousant les pays, chassant, rappelant, transplantant les princes et les rois, il s'y crut doublement autorisé, d'abord par les mœurs politiques de son époque, qui sont encore celles de l'Ancien Régime, et auxquelles il se conforma sans scrupules et sans remords, car il ne sut pas, et ne pouvait pas en concevoir d'autres ; — ensuite par ce zèle de propagande qui animait la France révolutionnaire et lui dictait le devoir d'apporter à tous ses voisins la liberté dont elle croyait jouir, et l'égalité qu'elle s'était donnée, et qui étaient à ses yeux les premiers de tous les biens.

XI

Si l'on réduit à l'essentiel les reproches adressés à Napoléon pour sa politique extérieure, on les résume à peu près ainsi : Il méconnut les droits des peuples, et il fit couler des flots de sang. — Or, en 1810, s'il y avait des peuples, ils s'ignoraient eux-mêmes, et Napoléon les ignorait : l'Europe centrale, aux yeux de tous, était une réunion de vastes domaines exploités par des hommes, nés laboureurs, au profit d'autres hommes nés seigneurs, consacrés prêtres, ou rois héréditaires. On pouvait s'attaquer au privilège de ces seigneurs, de ces prêtres et de ces rois, qui existaient, dont la conservation semble la raison d'être de l'ancienne société. Mais on ne pouvait violer les droits des peuples, puisqu'en réalité, il n'y avait ni droits pour les peuples, ni peuples pour exercer ces droits.

L'action de Napoléon s'exerça surtout sur l'Europe centrale, qui, ne l'oublions pas, n'était alors qu'une juxtaposition de pouvoirs séparés, distincts, indifférents, hostiles parfois, vivant chacun de sa vie propre, indépendante, ou entrant à peine dans un groupement artificiel, comme l'état prussien, la monarchie autrichienne, bref, présentant l'aspect de la France féodale du XIe ou du XIIe siècle avec ses dynasties provinciales et son étroit particularisme féodal. Si, malgré l'effort persistant de la rude centralisation monarchique, il fallut la commotion révolutionnaire pour combiner enfin ce mélange d'élements hétérogènes qu'était la France, de même il fallait qu'un choc analogue et un choc venu du dehors, rapprochât et fondît dans le chaos de l'Europe centrale, ce qui devait être l'Allemagne, l'Italie, ce qui sera un jour l'Autriche. Napoléon ne fut donc pas l'oppresseur de l'Allemagne, de l'Italie, de l'Autriche, qui n'existaient pas, mais l'ennemi des Hohenzollern, des Habsbourg, des Bourbon, ce qui est très différent. Il fut donc l'ouvrier d'une révolution européenne, conséquence immédiate et prolongement direct de la révolution française. — Si l'on admet, et c'est l'opinion commune, que la tyrannie de Napoléon suscita les nationalités, encore ne doit-on pas lui reprocher d'avoir pressuré des « nationalités » qu'il suscita. En fait il a peut-être violé ce qui est devenu pour nous, et après lui, le droit imprescriptible des peuples. Mais en réalité, il n'a pu violer des droits qui, dans son idée, n'existaient pas, et qui n'existaient d'ailleurs dans l'idée de personne, pour la bonne raison que rien dans l'Etat de l'Europe centrale, n'eut répondu à cette idée. Il n'attenta qu'à deux nations armées, adultes, unifiées, l'Espagne et la Russie. Il en fut puni par leur résistance qui le renversa. L'exception rentre donc dans la règle, et la justifie. Napoléon fut si peu l'oppresseur des nationalités qu'il en créa deux nouvelles, et fut opprimé lui-même par la coalition des trois anciennes nations qu'il combattit, l'Angleterre, la Russie et l'Espagne.

XII

Reste le reproche d'avoir fait mourir cinq millions
d'hommes en dix ans, cinq cent mille par année, le
double de la natalité actuelle de notre pays. — Si
l'on a admis avec nous que la France, l'Angleterre et
l'Europe doivent se partager la responsabilité des
ruptures survenues, elles doivent se partager aussi
la souillure du sang versé. — Mais la question n'est
pas dans la répartition plus ou moins équitable des
reproches que leur conduite semble appeler. On doit
se demander plutôt s'il y avait, pour l'Europe, d'autres moyens de régler, à cette époque, toutes les
querelles engagées, qu'en versant du sang, des
torrents de sang.

Pour qui ne se paie pas de mots et ne se nourrit
pas de désirs généreux pris pour des réalités, pour
qui connaît un peu la monotone et cruelle histoire
de notre race, la réponse ne saurait être douteuse,
ou différée un seul instant. Si les larmes des opprimés forment à la longue les fleuves qui emportent
les citadelles où se retranchent leurs bourreaux, c'est
le sang d'innombrables et innocentes victimes qui
cimente les constructions nouvelles sans cesse édifiées
sur leurs ruines. Cette règle effroyable ne comporte
pas, jusqu'ici, d'exception. C'est simplement proclamer un fait que de reconnaître, dans le passé, que
d'admettre, pour le présent, et de prévoir, pour un
avenir immédiat, l'horrible nécessité de la guerre.
Plus les intérêts engagés sont puissants, plus la lutte
est sanglante. Or il n'y a pas, dans toute l'histoire
moderne, d'événement plus capital que la Révolution
d'une part, la rivalité de la France et de l'Angleterre

de l'autre. Il ne faut donc pas s'étonner que l'explosion presque simultanée de deux crises aussi graves qui se sont ajoutées l'une à l'autre, ait coûté à l'humanité plus de sang que des luttes moins décisives, plus isolées et prolongées moins longtemps. Puisque leur solution ne pouvait être retardée, que ce retard ne les aurait pas empêché de se dénouer de la même manière, par de terribles combats, inclinons-nous devant l'horrible fatalité qui voulut tous ces égorgements, et voyons, en Napoléon moins son complice que son aveugle instrument.

XIII

Il nous faut donc déterminer l'importance de l'action individuelle qu'a pu exercer Napoléon sur un ensemble d'événements dont la masse l'accablait et dont la portée le dépasse. Le peu que nous savons de l'Histoire humaine nous permet peut-être de faire le départ entre le génie de cet homme et la force des choses.

Or, il nous est permis d'affirmer, sans outrepasser des conclusions qui semblent certaines, que toute idée appelée à triompher dans le monde y fait lentement, mais sûrement son chemin, non pas sous la direction, mais avec la collaboration de quelques grands hommes. Exemple : l'Hellénisme avec Alexandre ; le Romanisme avec César, voilà pour le monde ancien ; le Christianisme avec Charlemagne ; la Révolution avec Napoléon, voilà pour les temps modernes. — Mais il serait exclusif et faux de prétendre qu'Alexandre est tout l'Hellénisme, César tout l'empire Romain, Charlemagne tout le Christianisme, Napoléon toute la Révolution. — Dans l'œuvre de chacun de ces hommes, il y a une partie qui leur appartient, et une autre qui leur échappe. La première s'est faite par eux, la seconde malgré eux. Leur œuvre propre, ç'a été la création de quatre grands empires. Or ces empires, dans trois de ces quatre cas, furent éphémères, et survécurent à peine à leurs auteurs. Cependant l'idée grecque, l'idée romaine, l'idée chrétienne et l'idée révolutionnaire furent durables. Aussi leurs propagateurs ne firent pas tout ce qu'ils avaient voulu et se trouvèrent avoir fait en partie ce qu'ils ne soupçonnaient même pas..

L'action du génie, si grande qu'on la suppose ; les vues du génie, si étendues qu'on les conçoive, sont donc relativements aux faits, étroites et bornées. La responsabilité qui incombe aux grands hommes en est diminuée d'autant. A quoi se réduit leur rôle ? Probablement à avoir conscience, en un moment donné, d'une partie de ce qu'il fallait faire, à avoir incarné en eux un fragment de l'idée qui se réalisait autour d'eux. Prévoir, c'est pouvoir. Ils ont pu certainement quelque chose. Mais ne sachant pas tout, ils ne pouvaient pas tout. Leur œuvre a été incomplète. Ils ont pu même se tromper. Après avoir collaboré avec la destinée mystérieuse, ils se sont écartés des voies qu'elle leur traçait. La lutte entre elle et eux, pour dramatique qu'on la suppose, fut toujours courte et décisive : c'est le destin qui a vaincu. Leur défaite a coopéré à sa victoire, comme y avait servi leur action. Ils furent donc tour à tour ses complices et ses instruments et toujours ses auxiliaires.

C'est de ce point de vue que nous devons les juger tous. Tout autre est incomplet et nous expose à être injustes. Exagérer l'action des grands hommes jusqu'y y ramener tout ce qui s'est passé de leur temps, reviendrait, par exemple, à réduire toute l'histoire de l'Europe à une partie de trictrac entre Napoléon, Pitt, Alexandre et Metternich, conception évidemment trop simple.

Mais à moins d'admettre qu'un homme peut, à un moment donné, tout savoir ; que partant il peut tout faire ou tout empêcher, ce qui suppose la soumission de toutes les volontés à la sienne ; qu'il lui est permis de bouleverser le monde, sans que le monde se plaigne ni ne riposte, de détruire une forme de société sans léser aucun intérêt de classe ni de personnes, et sans que ces intérêts protestent ; qu'un changement aussi grave peut se produire sans troubles ni commotions ; à moins d'admettre l'inadmissible et d'imaginer ce-qui n'est jamais arrivé, il faut à toute force, ou bien reprocher à Alexandre de Macédoine d'avoir tué quelques cent mille pauvres Perses, à César d'avoir occis autant de Barbares divers, parmi lesquels beaucoup de Gaulois, ou à Charlemagne d'avoir expédié nombre de Saxons, ce que personne, en considération des résultats acquis, ne songe à faire ; ou bien excuser Napoléon de les avoir imités en tout, bien qu'il l'ait opéré en infiniment plus grand : ce qu'on lui reproche parce qu'il s'agit d'hommes de notre sang et de notre race, et surtout parce qu'il se trouve parmi les vivants, des gens dont c'est l'intérêt ou le passe-temps de le lui reprocher.

Napoléon n'est donc responsable que d'une partie des fautes mises à son compte. Dans quelle proportion exacte ? Nous commençons à le soupçonner. Mais son œuvre seule ne pourrait entièrement nous l'apprendre, Il est nécessaire pour le savoir d'assister à la chute de l'Europe qu'il a élevée et même à la construction des bâtiments qui surgirent de ces débris.

LA CHUTE.

I

L'examen rapide des causes qui entraînèrent la chute du systéme politique napoléonien nons montrera justement ce qu'il y avait, dans cette œuvre, de hâtif, de risqué, et partant de provisoire et de caduc. Peut-être qu'après avoir vu s'écrouler ce qui, en elle, devait tomber, nous apercevrons plus clairement ce qui, d'elle, pouvait rester. Deux ordres de raisons doivent être assignées à cet effondrement : les unes, pour ainsi dire, physiques, dérivant de la nature même des choses, de cette sorte d'équilibre politique qui a ses lois, comme l'équilibre matériel ; les autres, morales, portant l'empreinte de la volonté humaine, révélant un parti pris évident chez tous les étrangers, de renverser l'Empereur et chez quelques Français de le laisser tomber. — Napoléon épuisa la France avant d'avoir fatigué l'Europe. Et il fut accablé par la coalition dee intérêts de toute sorte que sa politique interieure ou extérieure avait lésés.

II

Il est certain qu'au début, il suivait l'instinct du peuple français tout autant qu'il s'efforça de le diriger. Bientôt se sentant le maître de cette foule frémissante et docile, il prête l'oreille au murmure confus qui semblait monter d'elle depuis qu'avait cessé l'étourdissante clameur de « la foire révolutionnaire. » Il croit comprendre que le convalescent guéri par lui commence à souffrir de l'excès même de ses forces retrouvées et veut dépenser sa santé reconquise, quitte à la compromettre par de nouvelles imprudences. Il la dirige et l'emploie contre l'Angleterre, l'Autriche, la Prusse et la Russie, les quatre grands adversaires qui seuls peuvent, dans l'Europe d'alors, se mesurer avec lui. L'un après l'autre, il en abat trois. Un seul reste à renverser. Le laissera-t-il debout?

De nouveau il sonde l'âme du peuple. Doit-il continuer, ou s'en tenir là? — La réponse est indistincte. On a désappris de parler, en France, depuis qu'un homme a si bien pris la parole pour tous. Peut-être en 1807, à ce comble inouï de gloire et de puissance, au moment où notre industrie et notre commerce se développent rapidement, le vœu secret du peuple est-il de jouir, au moins quelques années, de ses richesses, et de savourer les plaisirs de la paix.

Napoléon ne le comprend pas ou ne parait pas le comprendre. Les deux grandes questions ne sont pas encore résolues. Ni l'Angleterre, ni l'Europe n'ont vraiment désarmé. On repart contre elle en 1808, en 1809, du même mouvement, avec la même ardeur qu'en 1805, mais sans la même conviction intime. Cette fois le peuple n'entraîne plus son chef, ne le roule plus avec lui dans sa marche puissante. Il l'accompagne, il le suit à distance respectueuse, comme un régiment vient derrière son colonel.

Tout à son rêve, l'Empereur va de l'avant, presse fiévreusement sa monture, sans regarder en arrière si on le suit, sans se demander s'il ne va pas trop vite pour cette masse moins mobile que lui, plus empêtrée, plus matérielle, cédant moins facilement aux fascinations d'un idéal moins précis. L'ayant laissé souffler de 1809 à 1812, un bon moment, bien que sa halte ait été troublée par l'aiguillon de la mouche espagnole, il croit qu'elle s'est reposée et il l'entraîne en 1812, toujours plus loin, vers le Russe, l'ennemi innombrable, fugace, insaisissable. Dans cette poursuite nouvelle, le chasseur se pique au jeu. Il ne voit pas que sa meute fidèle est épuisée, tire la langue, sème en route nombre de ses meilleurs limiers. Monté sur son pur sang, il va, va toujours, jusqu'à l'hiver boréal, jusqu'à la gelée meurtrière, à la neige étendue partout, terrible drap qui invite à se coucher pour y mourir. Et c'est le lit où reposeront des milliers de ses compagnons qui s'y sont étendus sans une plainte et pour toujours..... Décidément il est allé trop loin et trop vite. Le peuple qui le suivait d'un pas alourdi a rompu ses rangs, brisé sa longue colonne, semé des traînards de jour en jour plus nombreux. Quelques-uns suivent de près, d'autres ralentissent le pas, s'arrêtent et murmurent. La grande force instinctive résiste, tire en arrière, veut modérer le mouvement. En vain l'attraction du génie combat cette tendance au recul. Elle se dispersera, impuissante et inutile, entre la masse qui ne veut plus revenir à elle et l'obstacle qui s'ébranle et se dirige de son côté.

III

Il a cédé d'abord, cet obstacle, a paru maintes fois reculer, se disséminer, s'effacer, disparaître. Mais il se reformait infatigablement, accroissait ses forces que l'on croyait brisées, cédait encore pour résister un peu plus loin. Sous ces chocs répétés, il s'échauffait peu à peu. Son inertie semblait s'animer. Un esprit pénétrait sa masse. Un jour il se mit en marche à son tour. Et il fit reculer la force qui s'épuisait après lui. Il la pressa de son étreinte et l'écrasa de son poids. Le Sisyphe révolutionnaire roula, vaincu, sur la pente lentement gravie, sous le rocher monarchique, que depuis vingt ans, péniblement, il poussait.

IV

Mais c'est là simple réaction physique, et comme un phénomène d'élasticité. Ce n'est pas tout : voici qu'intervient la volonté humaine, tout un faisceau de haines, de craintes, d'appétits, qui, longtemps dispersés et impuissants, deviendront forts dès qu'ils seront unis. Entre eux, malgré leur jalousie ou leur antipathie mutuelle se noue une coalition contre l'ennemi commun. Et il succombera fatalement, quel que soit son génie, devant l'Alliance des rois entre eux, des peuples avec les rois, d'une partie de son peuple avec les rois et les peuples étrangers.

En 1810, parmi les souverains, il n'a plus d'ennemi digne de lui, capable de mettre une force effective au service de son désir de revanche. En 1812, il en a un, le plus puissant et le plus redoutable de tous, son ami de la veille, celui qui ne l'a flatté, caressé, endormi que pour mieux le trahir et le renverser : Alexandre de Russie, désormais le chef de la coalition. En 1813, le tzar s'adjoint la Prusse, qui seule ne pouvait rien. Après le congrès de Prague, et la comédie de médiation de Metternich, l'Autriche vient nous porter un coup décisif. C'est François II qui assomma son gendre en reconstituant contre nous la Triple Alliance des meurtriers de la Pologne, cette société « d'amour et de paix », qui allait s'intituler la Sainte Alliance. Napoléon au comble de sa puissance, a battu sans peine, de 1805 à 1807, deux de ses trois adversaires. Il ne pourra pas en 1813, triompher des trois réunis. Car, instruits par l'expérience, ils sauront désormais concerter leurs actions jusque là divisées. Et le sort leur a servi, a point nommé, un auxiliaire, auparavant inconnu ou dédaigné, mais formidable, irrésistible : le sentiment populaire.

V

C'est la pesée des peuples plutôt que la poussée des rois, qui jeta l'Empereur à terre. Deux nations usèrent ses forces : l'Espagne et la Russie. Une troisième les brisa : c'est l'Allemagne.

Entre l'Espagne et nous, il y eut surtout un déplorable malentendu, Certes, Napoléon est inexcusable d'avoir détrôné, en 1808, deux Bourbon, ses amis intimes si longtemps. Mais son prestige aidant, il aurait pu faire adopter des Espagnols un Bonaparte, comme Louis XIV avait su leur faire accepter un prince de sa maison, comme Louis XVIII pourra en 1823 rétablir Ferdinand VII. Il s'agissait simplement de ne pas paraître le leur imposer. C'est contre la violence faite à leur dignité nationale que les Espagnols protestèrent, plutôt qu'ils ne s'insurgèrent contre ce roi venu de l'étranger. On admet, même en Espagne, que l'annexion du Portugal, ou toute autre mesure avantageuse et opportune eût concilié le peuple espagnol à Napoléon. En l'agrandissant ou l'enrichissant, en ménageant la transition vers le nouveau régime, en gagnant le clergé, en affectant de laisser Joseph libre et souverain dans son royaume, Napoléon aurait pu perpétuer, sur une base nouvelle, l'amitié, déjà séculaire, des deux grands peuples latins. — Malheureusement il s'occupa peu, et sans aucune suite, de cette fâcheuse affaire d'Espagne, tantôt abandonnant son frère et tantôt intervenant dans ses affaires d'une façon abusive, lorsque, par exemple, il menaça l'Espagne de la démembrer, comme l'Italie ou l'Allemagne. Bref, il commit là sa grande faute initiale, non pas en occupant ce pays, qu'à defaut de lui les Anglais allaient envahir, mais parce qu'il ne sut pas l'attacher à sa fortune. Il y perdit 3oo.ooo hommes qui l'eussent peut-être fait triompher ailleurs.

La résistances des Russes, montra que ce grand vainqueur, même quand il commandait en personne, n'était pas invincible. Elle fut admirable en tout point, comme spontanéité, avec le désespoir qui finit par saisir les moujiks à voir dévaster leur pays, comme ténacité à Borodino, comme acharnement jusqu'à l'expulsion des Français. Mais elle s'inspira d'un patriotisme aussi borné que magnifique, farouche, sauvage, et sublime. Ici Napoléon fut simplement l'étranger odieux, l'ennemi exécré, et non le révolutionnaire séduisant et dangereux : car d'imposer aux Russes, avec nos armées, la liberté et l'égalité, il n'y fallait pas songer: au lieu qu'en Espagne, Napoléon, essayait de faire oublier l'intrusion de son despotisme par la sagesse de ses institutions. Différentes en leur caractère, les deux résistances produisirent le même effet. Elles excitèrent la nation allemande à se lever à son tour.

D

VI

C'est en 1813 que naquit l'Allemagne, par un enfantement naturel qu'aida un acte de volonté. Au moment où la patrie allemande allait être, la Prusse voulut qu'elle fût. Il y eut collaboration intime entre l'instinct populaire et la pensée des politiques berlinois, fusion d'un sentiment puissant et obscur avec l'idée claire et précise des grands ministres prussiens et des Universités. L'arrivée des Français avait révélé aux Allemands qu'ils étaient hommes. L'occupation française indéfiniment prolongée, leur apprit qu'ils étaient Allemands. Leur moi jaillit du contact du non-moi. Les membres épars du Deutschland se rassemblèrent par une formidable commotion qui nous expulsa. Cette révélation, nous y avons contribué. Nous l'avons même provoquée. C'est contre nous qu'elle se manifesta. L'Allemagne s'est quelque fois vantée d'avoir fait la France, par Charlemagne et par Clovis. On peut dire que la France, de 1803 à 1813, créa l'Allemagne, par Napoléon.

VII

Napoléon a donc contre lui les rois et les peuples. Car les sentiments que nous venons d'exprimer furent partagés par tous les rois et tous les peuples. Cette entente se traduisit par une merveilleuse unité dans l'action militaire, unité si complète que Napoléon finit par y succomber. S'il avait vaincu de 1796 à 1809 toutes les armées de l'Europe, c'est qu'il avait su les attaquer séparément et les battre en détail. Si elles le vainquirent de 1812 à 1815, c'est parce qu'elles restèrent toujours réunies et ne se laissèrent jamais attaquer isolément. Dès que se rélachaient leur union, disparaissait leur avantage. Se resserrait-elle, nous étions accablés par des forces nécessairement supérieures. A Leipzig, à la Rothière, à Arcis-sur-Aube, à Paris, à Waterloo, Napoléon fut écrasé suivant les règles qu'il avait posées : être à un moment donné, et pour le temps voulu, deux contre un.

VIII

Ainsi l'Europe dont le poids seul eût suffi pour nous écraser, levée toute entière et savamment dirigée contre nous, fatalement nous broya. Même en pleine force, la France n'eût pu dans ses conditions lui résister. Affaiblie, saignée à blanc, irritée et divisée, à plus forte raison dût-elle être abattue.

Or en 1814, au moment ou l'unité européenne se fait contre nous, notre unité nationale s'affaiblit, se relâche et se rompt. Dans l'espoir d'une Restauration possible et prochaine, les royalistes relèvent la tête et intriguent sourdement. La bourgeoisie presque entière, épuisée comme le peuple, ruinée dans ses affaires, menacée dans ses intérêts, découvre qu'elle est, au fond, libérale, et que Napoléon n'a pas tenu compte de ses aspirations. Elle rêve d'un roi constitutionnel qui rendrait la parole à la presse, relèverait la tribune publique et ne ferait plus la guerre à l'Europe. — Dans le peuple lui-même la fidélité se lasse, l'unanimité disparaît. Les paysans s'aperçoivent que leur bonne terre va bientôt manquer de bras. Or, les paysans, c'est la province, Seul Paris conserve à l'Empereur un inébranlable attachement.

Mais soit épuisement, soit qu'on n'ait su ni osé le lui dire, la masse ne comprend pas qu'elle va lutter, en 1815, à la fois pour l'intégrité nationale et pour les principes révolutionnaires, pour ses intérêts les plus puissants et pour ses sentiments les plus sacrés, pour le sol de la patrie et pour l'honneur de la France. La nation aurait dû se lever en masse. Seule l'armée combattit.

Bien que la nation ait été versée presque entièrement dans l'armée, l'armée n'est pas comme en 1793, la nation armée. Elle est l'armée de Napoléon, incomparable assurément, dévouée jusqu'à la mort à son chef, mais affaiblie, réduite à rien, 70,000 hommes en Champagne. contre 300,000. — 20,000 à Paris contre 100,000, et dans cette armée même si la pensée directrice est toujours aussi vigilante et aussi puissante, si la masse est toujours aussi docile et aussi dévouée, les organes intermédiaires sont usés ou atrophiés, les généraux ne veulent plus, ne peuvent plus, ne savent plus marcher. Ils songent tous au repos, à la sécurité. Ces idées ouvrent la porte à la mollesse, à l'inaction, à la défection. — L'armée ne forme plus un corps, c'est-à-dire une subordination et une coordination d'organes. Elle a perdu son unité comme la nation. Le sentiment patriotique ne l'anime plus, mais le dévouement à un homme. Au moment où les armées ennemies deviennent aussi nationales que dynastiques, elle est plus dynastique que nationale. Toutes les causes qui ont permis à la France de battre l'Europe, retournées maintenant contre nous, permettront à l'Europe de vaincre la France.

IX

Que peut le génie d'un homme contre la coalition de tous les événements et de tous les hommes ? L'Empereur tomba glorieusement, comme il le devait à lui-même et à la France. Ses talents ont-ils baissé de 1812 à 1815 ? — Son courage a-t-il diminué ? — On l'a prétendu. Hypothèse bien inutile. Certes la campagne de Russie, entreprise après un repos de trois ans par un homme dont l'activité s'était évidemment émoussée auprès d'une jeune femme qu'il aimait avec la passion inquiète de ses quarante ans, et qui bedonnait déjà, s'alourdissait, dormait malgré lui après avoir commandé au sommeil, cette campagne paraît peu mûrie, mal engagée, médiocrement dirigée, incertaine, tâtonnante et enfin malheureuse. « Nous y avons tous fait des fautes » avouait-il lui-même. Mais quelle admirable revanche il prit les années suivantes jusqu'à Waterloo ! N'a-t-on pas comparé 1814 à 1796 ? Quant aux défaillances qu'on lui reproche après Leipzig, après la Rothière, à Fontainebleau, et 1814 à la Malmaison en 1815, comme elles sont excusables et naturelles et de quels merveilleux retours elles furent toutes, sauf la dernière, suivies ! — Disons-mieux : Napoléon, de 1812, était vaincu d'avance. En eut-il connaissance ? Pouvait-il en convenir à part lui, et devait-il en ce cas faire des concessions et demander la paix ? La réponse ne nous semble pas douteuse : il ne pouvait guère agir autrement qu'il n'a fait.

X

S'il eût été dans le caractère de Napoléon d'être modéré autrement que par nécessité ou par politique, peut-être aurait-il dû après son échec en Russie se laisser aller en faveur de la Prusse et de l'Autriche à quelques habiles concessions. La correction de leur attitude pendant la campagne précédente offrait un prétexte honorable à leur rendre une partie de ce qu'il leur avait enlevé. Par leur neutralité ou par leur alliance il aurait pu contenir Alexandre. Il n'en fit rien. Sauf l'occupation par les Russes du grand duché de Varsovie, sa puissance territoriale en janvier 1813 était intacte. Il pouvait se croire assez fort pour regagner en une seule campagne tous les avantages compromis ou perdus. Sa situation actuelle, ses prévisions pour l'avenir, s'accordaient avec ses inspirations de joueur audacieux pour lui commander de se battre encore.

L'événement lui donna raison jusqu'à l'armistice de Pleswitz. Il remporta sur les alliés Prussiens et Russes une série foudroyante de victoires. C'est alors que l'Autriche sur laquelle il croyait pouvoir compter à raison des liens de famille qui l'unissaient à son souverain, offrit sa médiation armée. Or, il ne fait plus de doute aujourd'hui pour personne que l'Empereur, déjà habilement joué par le tzar de 1807 à 1812, fut cyniquement trompé, presque trahi par Metternich, qui s'en est vanté, au fameux congrès de Prague.

Cette suspension d'armes ne fut qu'un prétexte invoqué par l'Autriche pour mobiliser ses effectifs,

comme il était convenu au traité secret de Reichen-
bach du 26 Juin 1813. Les négociations ne s'ouvri-
rent que pour la forme. Les conditions proposées à
Napoléon étaient de celles qu'on ne peut accepter. On
lui demandait en effet de renoncer à toute action en
Allemagne et en Italie. Il aurait pu à la rigueur, et
pour se concilier l'Autriche, abaudonner le terrain de
l'Empire aux convoitises rivales des cabinets de
Vienne et de Berlin. Mais pouvait-il livrer l'Italie aux
Habsbourg dont c'était le but déclaré depuis 1799 de
s'annexer les plus riches provinces? Cette Italie, témoin
de ses premières et de ses plus belles victoires, ce
Milanais qui nous avait accueillis en libérateurs, ce
royaume qu'avait si sagement gouverné Eugène, cette
belle terre qui, grâce à nous, naissait à la liberté, ce
peuple dont il est presque, et qui l'a parfois reven-
diqué comme un de ses enfants, pouvait-il l'abandonner en 1813 aux convoitises autrichiennes, au
« *carcere duro*, » au Spielberg, aux beautés du
système Metternich? Il y avait là, nous semble-t-il
une de ces questions d'honneur d'autant plus sacrée
qu'il y allait des intérêts de peuples parents, amis et
protégés, sur lesquelles il n'y a jamais, pour un Français, un seul moment d'hésitation possible.

XI

L'Empereur fut vaincu à Leipzig, comme il était à
prévoir. L'année d'après il en était réduit à défendre
le sol de la patrie. Eclairé par l'exemple des congrès
de Prague, il ne croit pas à l'efficacité d'un nouveau
congrès de Francfort. Il négocie à Châtillon après sa

première défaite. Mais les prétentions des alliés se sont accrues avec leurs succès. Dès février ils veulent faire rentrer la France dans ses limites de 1792. Après la capitulation de Paris, ils exigent l'abdication de l'Empereur. Il firent alors la folie de rappeler les Bourbons, vouant ainsi à une impopularité fatale, à une chute certaine et prochaine, ces émigrés rentrés dans les fourgons de l'étranger : au lieu qu'ils eussent peut-être gagné l'Empereur en laissant à son fils, proclamé son successeur, une France moins démembrée, et surtout moins humiliée. Les rois et leurs funestes conseillers français, le traître Talleyrand, le tortueux Fouché, le Sénat servile, lâche et faux, furent doublement responsables de l'équipée des Cent-Jours : d'abord en restaurant les Bourbons, puis en ne réléguant pas immédiatement l'Empereur dans son cachot où il ne pût rien savoir de la France et d'où il ne pût sortir.

Les Cent-Jours et Waterloo, dont on lui a fait un crime, étaient dans la logique étroite des faits. Pour Napoléon, ce fut un remords, un légitime scrupule de conscience qui le poussa à tenter une suprême épreuve afin que la France ne restât pas privée de ses frontières du Rhin et moindre qu'elle ne s'était donnée à lui. Le peuple français se devait à lui-même de réclamer cette Belgique qu'il avait marquée de tout temps pour être sienne, qu'il avait si abondamment arrosée de son sang, gardée pendant vingt-trois ans, et qui en 1830 se serait donnée à lui si on l'eut laissé faire. Reprendre les Pays-Bas ou succomber comme à Waterloo, tel était le dénouement nécessaire de l'Épopée française et impériale. Après Waterloo il nous fut permis de céder : l'honneur était sauf.

Napoléon se retira alors et il fit bien. L'Angleterre l'emprisonna et elle n'eut pas tort. Elle aurait pu choisir un cachot moins triste que Sainte-Hélène et un geôlier moins odieux qu'Hudson Lowe. Edouard III victorieux avait été plus clément au bon roi Jean II, à qui il avait assigné comme résidence Londres et sa Cour.

XII

Voilà l'Usurpateur détrôné, le « perturbateur » mis dans l'impossibilité de nuire, les seuls rois « possibles » revenus chez nous, la « Sainte Alliance » conclue entre la Russie, l'Autriche et la Prusse. La France et l'Europe vont enfin pouvoir respirer. Plus de despotisme militaire, de guerres, de conquêtes, la paix et la sécurité partout. On sort d'un cauchemar dont on maudit l'horreur, dont on voudrait écarter le souvenir sanglant, oublier l'odeur de charnier. Bonaparte est maudit, vilipendé par les écrivains à gages, par ceux qu'il a effrayés ou ceux qui l'ont trahi. On le tue à petit feu en Afrique. Marie-Louise devient Mᵐᵉ de Neipperg. Le roi de Rome devra pour connaître son père, interroger après 1830, l'exilé Marmont. On veut faire l'oubli autour de l'Empereur et de l'Empire. Les pamphlétaires préfèrent l'écraser sous l'outrage. Napoléon a donc été, comme beaucoup le croyaient ou affectaient de le croire en 1820, un homme fatal, funeste, monstrueux? Son œuvre fut l'œuvre de l'égoïsme servi par le génie, du caprice servi par la toute-puissance? Elle sera donc éphémère comme tout ce qui n'est pas inspiré des idées d'humanité, de liberté et de progrès? Sur cette thèse, les écrivains peuvent broder à leur aise. Mais un maître sévère se chargera de leur montrer la vérité : le temps, qui leur inflige un démenti aussi prompt que catégorique et qui accablera ces vainqueurs d'un jour de son mépris tranquille. Un demi-siècle ne s'est pas écoulé qu'il a donné raison contre eux à Napoléon.

LES CONSÉQUENCES

I

Il fut malaisé, vers 1820, d'apprécier avec équité l'œuvre de Napoléon qui s'était effondrée, cinq ans auparavant, au milieu d'un tel fracas, parmi tant de douleurs et tant de débris. Il semblait que sur le sol jonché de ruines, aucune bienfaisante moisson ne dût pousser pour la France et pour l'Europe, et que l'on pût maudire avec quelque raison celui qui, même au prix de tant de sang, n'avait pas su féconder ces vieilles terres auparavant fertiles, bien que mal cultivées. Mais il suffit de peu d'années pour qu'une récolte inattendue surgît. Sans qu'il soit besoin d'arriver jusqu'à nous, en moins d'un demi-siècle nos pères recueillirent ce que Napoléon avait semé. De nouveaux bouleversements ont mis aux flancs de notre terre d'autres germes que l'avenir fera éclore. Mais la moisson révolutionnaire étant de nos jours ramassée et rentrée, il nous est permis en 1898, d'en apprécier la valeur et d'en estimer le prix, tout en portant, sur ceux qui la préparèrent, un jugement qui, si nous le voulons bien, pourra être impartial.

II

Dès 1848, l'effet de l'œuvre de Napoléon chez nous
et hors de chez nous, était sensible. La France, rendue
à elle-même après deux révolutions où elle avait
prononcé sur son sort, loin des baïonnettes étran-
gères, commençait par rétablir le suffrage universel,
et, malheureusement, ne reprenait sa liberté que pour
en faire don, un an plus tard, à un autre Napoléon.
L'Europe, de son côté, avait bien vite démasqué la
Sainte-Alliance. En 1833, le congrès de Mündchen-
graëtz en indiquait la fin. Quant à son œuvre, dès
1817, elle était contestée. En 1830 elle était ébranlée.
En 1848, elle fut détruite. Aujourd'hui il n'en reste
rien. Mais, sauf en Russie et en Turquie, l'égalité,
la liberté, règnent partout. Et l'idée de nationalité
s'affirme sur tous les coins de l'Europe, malgré les
rois et les diplomates, par la voix toute puissante des
peuples que Napoléon a créés.

III

En France deux monarchies censitaires et bour-
geoises assumèrent, de 1815 à 1848, et remplirent le
rôle difficile et glorieux de reconstituer nos forces
affaiblies et de défendre notre patrimoine national
contre les convoitises de l'Europe qui regretta souvent
de ne l'avoir pas plus profondément entamé. Cette
longue et pénible convalescence fut veillée avec solli-
citude par des souverains et des ministres, toujours
bien intentionnés, éclairés parfois, souvent habiles,
qui surent faire respecter des autres le malade qu'ils
soignaient, tout en lui rendant, aux jours glorieux de

Navarin, d'Alger et de l'Isly, ce sentiment de sa grandeur qui fait sa dignité, et sans lequel il ne saurait vivre.

Mais ni Louis XVIII, ni Louis-Philippe, qui conservèrent presque intact tout l'édifice administratif de Napoléon, ne surent apercevoir la base sur laquelle il repose et que Tocqueville, dont le regard pénétrant l'avait deviné fit, pour ainsi dire, toucher du doigt à la bourgeoisie doctrinaire et hautaine, libérale mais exclusive. Ils ne comprirent point que le peuple n'avait pas souffert dix ans de Révolution et vingt-trois ans de guerres uniquement pour substituer le privilège de cent à deux cents mille riches au privilège de cinq cent mille nobles ou clercs. Peu exigeant, nous l'avons vu, pour sa participation directe aux affaires du pays, il ne put tolérer d'en être systématiquement exclu. Quand il craignit en 1830, la reconstitution de l'ancienne noblesse et le retour des Jésuites, il se leva et se battit. Quand il vit en 1848 que malgré dix années de sagesse on ne lui entr'ouvrait pas les portes du pays légal, il les enfonça toutes grandes, rappelant à ses maîtres d'alors qu'il était le seul souverain, aux droits déjà reconnus et proclamés.

Louis-Philippe tomba aussi pour avoir exagéré, vis-à-vis de l'Europe et de l'Angleterre une politique de réserves, de prudence, qui de l'effacement en arriva bientôt, par la pusillanimité, à l'abdication, qui sous prétexte de ne pas troubler le concert européen, nous en fit exclure, et dans la peur de déplaire aux monarques absolus, laissa, vers 1846, au roi de Naples, au pape lui-même, la glorieuse initiative des réformes libérales. Pour comble d'imprudence, ce roi des patentés faisait revenir les cendres

de l'Empereur des paysans, en décembre 1840, juste
au moment où la France venait de sacrifier Méhémet-
Ali, par crainte des grandes puissances.

IV

En Europe, l'influence napoléonienne fut plus
étendue, plus profonde et plus rapide encore. — A
tous les pays wallons, flamands, bataves, germains,
polonais, italiens, ibériques, il avait assuré ou
apporté l'égalité civile et l'unité administrative. Or
après son départ, on y rétablit plus ou moins les
privilèges féodaux et les abus de l'angien régime.
Inconsciemment attachés aux institutions françaises
que cinq, dix, quinze, vingt ans d'occupation avaient
changées en habitude, les peuples ne purent s'empêcher de comparer leur demi-liberté de la veille avec
ce retour de la servitude au lendemain de 1813. Ils
détestèrent ces maîtres qu'ils s'étaient rendus et qui,
rétablis par eux, violaient cyniquement leurs promes-
ses et se targuaient de leur droit divin pour opprimer
ceux-là même qui leur en avaient assuré l'exercice.

Aussi les peuples exaspérés se soulèvent-ils de
bonne heure, d'abord au nom de la liberté pour affirmer au moins leur droit de choisir leur maître, puis
au nom de la Nationalité pour affirmer leur droit de
choisir leurs compatriotes. Dans cette marche ascen-
dante vers les droits des peuples et des nations, ils
durent franchir les premières étapes des droits de
l'homme et du citoyen. Egalité, liberté, nationalité,
trois termes qui se succèdent dans un ordre invaria-
ble, celui qui suit supposant l'un ou les deux autres.
Car sans égalité, pas de liberté, sans liberté pas de
souveraineté nationale, pas de nationalité.

Or l'œuvre de Napoléon fut précisément, ou bien

d'apporter les idées libérales aux pays qui les ignoraient, Espagne, Portugal, Saint-Siège, Milanais,
ou bien d'en hâter l'éclosion dans les pays où elles
existaient, déjà Allemagne, Italie. On ne peut mieux
la caractériser que par la vieille comparaison qui est,
en ce cas, d'une admirable justesse. Il creusa le sol
européen pour y déposer la graine révolutionnaire. Il
fut le laboureur qui trace le sillon droit et profond,
y jette la semence, passe la herse pous l'enterrer plus
bas. Puis il fuma le sol avec l'engrais le plus précieux
et le plus fécond ; le sang humain. Tout cela était
indispensable à la future moisson.

V

Il serait temps, semble-t-il, même pour les choses
qui furent et qui, par conséquent, malgré toutes nos
malédictions ne sauraient être autrement qu'elles
ont été, il serait temps pour le passé, et tout en
réservant nos droits à un avenir meilleur, de cesser
de nous payer de mots et de nourrir notre sensibilité
de protestations aussi vaines que rétrospectives. —
Une révolution nationale ne peut jamais, au moins
la première fois, s'effectuer sans léser quelques intérêts, sans désordres ni troubles. Une révolution internationale ne va pas non plus sans bouleversements.
En ce dernier cas, qui dit révolution, dit guerre. Or
on ne fait pas la guerre, même pour remporter la
victoire, sans faire tuer beaucoup de soldats. Jusqu'au
jour où l'on aura trouvé le moyen de régler autrement les conflits, il faudra en envisager d'un œil plus
calme la continuelle possibilité. C'est un moyen
extrême, sans doute, terrible, effroyable, mais décisif,
de régler ces grandes questions qui risqueraient de
rester en suspens ou même seraient insolubles.

VI

Une preuve que la guerre civile ou étrangère était indispensable au succès des idées modernes, soit en France, soit en Europe, c'est que trois révolutions sanglantes en 1820, — 1830, — 1848, les trois filles de la nôtre, vinrent successivement compléter l'œuvre de la Révolution Mère. On ne peut pas les reprocher à Napoléon. Elles furent pourtant nécessaires et il serait puéril de nier leur fatalité. Mais la Conquête Impériale, prolongement direct de la Révolution, et qui en est, à proprement parler, la phase européenne succédant à la phase française, eut pour effet de transporter sur le continent le germe de l'Europe moderne, né en Angleterre, cultivé, amélioré chez nous, enté sur une tige qui l'a rendu plus vivace. Pour qu'il pût se développer, il fallait déblayer le terrain des ronces de l'Ancien Régime. Or, seul, un étranger pouvait, dans chaque pays, faire vite et bien ce travail. Napoléon fut l'ouvrier de cette œuvre nécessaire, celui qui tout au moins en facilita, en précipita, en généralisa l'exécution.

VII

Voilà, croyons nous, le secret et l'explication de son œuvre. Il fit rapidement ce qui, sans lui, aurait demandé longtemps à se faire. Il propagea un changement reconnu nécessaire et qui, sans lui, serait resté localisé. Les limites de son action sont, à peu près les bornes de la diffusion de l'esprit révolutionnaire. Il réussit partout où il travailla dans l'espace, mais avec la collaboration du temps.

L'action de son génie aura donc été de précipiter des bouleversements qui, tôt ou tard, se seraient produits. A-t-il mieux valu qu'il en fût ainsi, même au prix dont l'Europe a payé sa liberté ? — Peut-être. Car la Révolution devant, nous l'avons vu, coûter très cher et aux oppresseurs et aux opprimés, à ceux qui l'enrayèrent comme à celle qu'elle libéra, mieux valait sans aucun doute qu'elle se fît très vite. — Pouvait-elle se faire autrement ? — C'est peu probable. Car elle s'accompagna de deux crises qui exigeaient impérieusement une prompte solution : le réglement, nécessaire en 1789, du vieux différend Anglo-Français, la protestation suprême, désespérée du vieux monde féodal qui, selon la règle commune, s'affirmait une dernière fois avant de mourir. — Or, au milieu de ces deux crises simultanées, parut pour les diriger un homme dont le génie semblait fait pour les circonstances où il se montra, aussi grand que les intérêts en jeu, aussi étendu que le champ où ils vont s'entre-choquer, aussi exceptionnel que les événements sont extraordinaires, excessif dans un monde qui semble s'abandonner à tous les excès, fou de la folie universelle, tel qu'il devait être enfin, étant donné l'époque où il vécut.

VIII

Ces quelques considérations nous permettent d'énoncer une conclusion longtemps suspendue. Si le génie de Napoléon ne fut pas le produit nécessaire des circonstances qui l'ont entouré, — ce qu'il nous répugne d'admettre, car nous croyons fermement au lent développement, parmi la masse des fatalités de toute sorte, d'une liberté humaine quelconque, minime

si l'on veut, chez les peuples et les individus, — au
moins fut-il admirablement approprié au milieu où
il put si longtemps s'exercer. A la France désorga-
nisée, il fallait un réformateur habile et énergique.
A la France reconstituée, il fallait, pour un temps,
un maître qui fondât, par le despotisme au besoin,
un régime que la voix populaire avait accepté. A
l'Idée Révolutionnaire, il fallait un soldat. A l'Europe
asservie, il fallait un libérateur, dût-il être, en apparence, un tyran étranger. Au monde moderne, pour
son pénible enfantement, il fallait un gigantesque
accoucheur, d'esprit net, de caractère ferme, de poigne
solide : Napoléon fut tout cela.

IX

Par là ses admirables qualités prennent toute leur
valeur. Par là s'expliquent et s'excusent ses imperfections et ses défauts. Il fut grand, mais il ne fut pas
surhumain. Il ne fut pas surtout, comme on l'a dit,
inhumain, presque monstrueux. Violemment personnel, il n'est cependant pas égoïste. Car s'il est peu de
familles en Europe qui n'aient souffert par lui, il n'est
pas d'homme, depuis son époque, à qui, directement
ou par contre coup, son œuvre n'ait profité. Allons
plus loin et concédons qu'il soit l'égoïsme personnifié.
Son œuvre ne serait pas, pour cela, l'égoïsme réalisé.
Il n'a travaillé ni pour lui, puisqu'il tomba, ni pour
son sang, puisque son fils ne régna point, ni pour sa
dynastie qui ne s'est point affermie et perpetuée chez
nous. Il travailla pour le peuple français, qu'il organisa, et pour les peuples européens qu'il a appelés à
la vie et à la liberté.

E

Il est vrai que telles ne furent pas ses intentions précises. L'œuvre qu'il rêvait, il ne l'acheva point et il prépara inconsciemment une œuvre à laquelle il ne pensait peut-être point. Mais s'il ne faut pas lui tenir compte d'intentions qu'il n'a pas eues, on ne doit pas, en revanche, le rendre coupable de tout le mal, dont il ne voulut et ne fit qu'une partie. La responsabilité des guerres terribles où il joua un rôle si brillant et si funeste à la fois, il la partagea avec l'Angleterre, avec toute l'Europe, l'une implacable et l'autre aveugle, et avec le Destin plus implacable et plus aveugle encore. On a dit de lui, avec une profonde justesse, qu'il fut un grand joueur. On lui a reproché d'avoir pris comme enjeu une énorme quantité de vies humaines. Mais on ne dit pas qu'il entra dans une partie engagée avant lui et sans lui. Le peuple français l'invita à prendre sa place. Or la partie était décisive et l'on jouait gros jeu quand il arriva. Il avait lui-même un admirable tempérament de jouer. Il gagna aux applaudissements de tous, doubla, puis tripla sa mise, gagnant toujours. Puis il perdit une fois et il essaya de tout rattraper d'un seul coup. De nouveau battu, il tenta de sauver un peu de ce que la nation française lui avait confié. Il perdit, et dut quitter la table de jeu. Mais tous les partenaires s'enrichissaient de sa perte et gagnèrent ce qu'il avait abandonné. Joueur, si l'on veut, mais invité, attiré, poussé au jeu, engagé par la nécessité, attaché par l'honneur à une partie qu'il n'aurait pu abandonner, — sans autre démérite, somme toute, que d'avoir été battu dans la lutte contre la Destinée, qui comme les tenanciers de tout jeu, finit infailliblement par l'emporter sur les meilleurs joueurs.

CONCLUSION

I

Pour bien voir et bien apprécier la grande figure historique de l'Empereur, il faut donc, selon nous, la placer sur un fond digne de lui, et le seul qui puisse lui convenir : au milieu du siècle qu'il a fait et de l'Europe qu'il a créée. Puis on doit le regarder en face, de loin, sans parti pris, soigneusement et longuement, en laissant agir d'elle-même l'impression qui se dégage et du portrait et du fond. N'étudier que ses traits et les scruter de trop près serait s'exposer à l'erreur du critique qui, la loupe à la main, compterait les hachures grossières dont est fait la plus admirable Holbein, ou qui, le nez sur le tableau, n'en verrait que le vernis et l'embuis. Napoléon fut un très grand homme et qui fit une œuvre très grande. Il y employa les moyens qu'il jugea les meilleurs ou plutôt les moyens qu'il put. Car un politique ne fait jamais ce qu'il veut et comme il le voudrait. Ses procédés changent sans cesse avec la fin qu'il poursuit ; et cette fin, qu'il entrevoit, se dérobe toujours, entraînée vers une fin suprême qu'on ne voit pas.

Il n'en reste pas moins que son œuvre est immense, probablement la plus étendue qui fut jamais. Son génie est proportionné à son œuvre et fait l'admiration des plus prévenus. Sans doute il fut incomplet sur certains points et en revanche, excessif sur d'autres. Mais n'est-ce pas la loi commune et ces deux conditions ne se supposent-elles pas ? Il est très grand,

et il est à nous. Il est notre tempérament exalté,
magnifié, dans ses qualités comme dans ses défauts.
Le monde entier l'admire, et nous l'envie. Les peu-
plades les plus reculées n'ignorent point sa gloire et
balbutient son nom. Pour beaucoup il est la France.
Les Anglais et les Américains, qui se connaissent en
homme, professent un véritable culte à son égard.
Il n'est qu'un pays où il soit de bon ton de l'exécrer,
de le condamner, ou tout au moins d'en médire : c'est
le sien. On croit être indulgent en lui accordant chez
nous un silence plein de dédain. Il serait bon de réagir
contre cette opinion où il entre de l'erreur, de l'ingratitude et de la sottise. En prenant nettement position
entre le mépris déclamatoire des uns et l'idolâtrie
étroite des autres, peut être serait-ce rendre un service
que de le montrer tout simplement tel qu'il fut.

II

Or, on a vraiment outré chez nous à son sujet, soit
l'éloge, soit la critique. Les attaques auxquelles il fut
exposé ne sont pas plus indignes de sa mémoire que
l'agitation factice que l'on a voulu, ces dernières
années, exciter et exploiter sur son nom. C'est vraiment afficher un trop superbe mépris que de condamner absolument un homme que le monde admire. C'est
commettre aussi une notoire injustice envers l'organisateur de l'unité française et le libérateur de l'Europe monarchique. C'est être ingrat que de déprécier
à plaisir le politique dont l'œuvre a été copiée, ser-
vilement parfois, dans toute l'Europe et dans toute
l'Amérique, et le général qui nous donna plus de
victoires et de gloire que jamais aucun peuple ne
pourra, même avec l'aide des siècles, en entasser. C'est

manquer de respect à la Patrie que de vilipender celui avec qui elle a été si longtemps et si brillamment confondue. C'est surtout manquer d'égards à nos pères que de critiquer si amèremeut leur choix. Il y a, nous semble-t-il, comme une impiété filiale à ravaler au niveau moral des plus vils coquins ou tout au moins des hommes les plus vulgaires, celui qu'ils aimaient tant et qu'ils honorèrent si longtemps de leur suffrage et de leur appui. Nous lui devons la justice d'abord, mais aussi une part de sympathie et d'affection. Pour une nation comme pour un homme reconnaître ses fautes est bien. Les confesser en public est mieux encore, bien que dangereux et délicat. Mais étaler complaisamment des faiblesses qui, par nos pères, furent les nôtres, et que tant de services et de gloire viennent racheter ; pénétrer dans le plus intime secret de la vie privée, de la conscience, des intentions et des inclinations de l'un des nôtres pour en dévoiler les tares, les petitesses ou les imperfections, c'est assumer un rôle peu digne du peuple le plus spirituel de la terre. C'est se rendre odienx et ridicule à une galerie, déjà trop défavorablement prévenue contre nous.

III

Tel est, à nos yeux le tort d'une école dite libérale qui voit dans les institutions anglaises un modèle a nous opposer et comme une critique permanente de nos mœurs politiques. L'Angleterre est, certes, un grand et beau pays. Mais elle est l'Angleterre et nous sommes la France, différence qu'il ne convient pas d'oublier. — Aux libéraux intransigeants, s'opposent les plébiscitaires à outrance que nos désastres

encore récents n'ont pu éclairer. Ceux-là font plus
que de bafouer le nom de Napoléon. Ils s'en servent
pour leurs manœuvres politiques. Pour eux, glorifier
l'Empereur est un moyen de déconsidérer et de ruiner
notre régime parlementaire. La République actuelle
est, d'après eux, un Directoire nouveau qui appelle un
nouveau Bonaparte. On entretient ainsi, sans grand
succès d'ailleurs, par un semblant d'agitation qui ne
pénètre pas bien loin et n'échauffe pas bien fort, le
bonapartisme inconscient supposé à la foule. Elle revoit
avec plaisir, au théâtre, cette figure si populaire, elle
acclame les maréchaux, les grognards, applaudit aux
grands noms et aux beaux faits d'armes. Elle crie:
« vive l'Empereur ! » puis retourne à ses affaires, donnant, par ses acclamations sans lendemain, une leçon
aux gens trop désireux d'exploiter, dans des intentions
diverses, ses souvenirs.

Entre les libéraux chagrins et les impérialistes, c'est
la foule qui voit le plus juste. Son jugement équitable et modéré devrait inspirer les historiens de l'Empereur. Ils préfèrent se ranger dans les deux partis
extrêmes. Mais, des deux, le beaucoup, le plus en
vogue et le mieux recruté est celui qui affecte de
condamner sans recours la mémoire de l'Empereur.

IV

Cette condamnation qu'une crainte vague inspire,
un fait décisif semble la justifier : l'effondrement et
les désastres du second Empire. C'est à travers Sedan
que l'on voit Austerlitz, et on compare volontiers le
2 Décembre au 18 Brumaire. Napoléon III a fait grand
tort à Napoléon Ier. Le neveu a mal payé son oncle
du riche héritage qu'il lui a légué.

Mais le second Empire, à y regarder de bien près, est à la fois une preuve éclatante de la juste popularité dont Napoléon Ier mérita de jouir chez nous, en même temps que la condamnation irréfutable d'un régime que Napoléon III eut le grand tort de vouloir y ressusciter. Le système impérial soumis à cette nouvelle épreuve a révélé, à nos dépens, son véritable caractère. Né de circonstances exceptionnelles, à une époque extraordinaire, fondé par un homme unique qui le soutint parmi des épreuves sans exemple, il ne pouvait se survivre à lui-même dans une période entièrement calme, sous la direction d'un prince qui loin d'être supérieur à son rôle, se trouva plutôt inégal à son étonnante fortune.

V

Nous nous abstiendrons de toute comparaison inutile et fastidieuse entre les deux Empereurs et les hommes et les événements, si différents, qui les poussèrent au premier rang. Mais il importe à l'intelligence de cette œuvre de montrer la différence énorme qui sépare deux règnes assez semblables au premier abord, et que l'on compare volontiers en tout point l'un à l'autre pour les envelopper dans la même condamnation.

Napoléon Ier s'éleva, se maintint et régna, même renversé, dans l'âme populaire pour trois raisons. D'abord parce qu'il assura aux Français l'égalité civile et politique, à quoi ils tiennent par dessus tout. Ensuite pour avoir sanctionné par de nombreux plébiscites, l'existence au moins théorique du suffrage universel, expression et condition de cette égalité. Enfin parce qu'Il nous abreuva de gloire militaire et entretint parmi nous cette idée à laquelle nous tenons tant et qui est de nous croire le plus grand peuple du monde.

Les Bourbons se perdirent sans retour pour les trois raisons opposées. Ils attentèrent à l'égalité en créant dans le pays une classe politiquement favorisée. Louis Philippe ne voulut point faire un pas vers le suffrage universel. — Enfin il humilia la France devant l'Europe en contenant trop sagement son besoin périodique d'héroïques folies.

A son tour Napoléon III s'éleva par les mêmes moyens qui avaient servi à Bonaparte et desservi Louis Philippe. — Il consacra définitivement le principe d'égalité en rendant le droit de suffrage aux trois millions d'électeurs que la Législative en avait imprudemment frustrés et qui, par le fait de cette injustice, étaient acquis d'avance au Coup d'Etat. — Il essaya de justifier son usurpation par les victoires de son armée et les triomphes de sa politique étrangère, au lieu que la Constituante de 1848 avait impitoyablement réprimé une généreuse manifestation en l'honneur de la Pologne.

Mais ce qui fit son élévation fit aussi sa chute. Le suffrage universel, de jour en jour plus éclairé, répudia progressivement la théorie plébiscitaire. Puis une affreuse catastrophe, plus regrettable que l'invasion de 1814, vint nous en montrer cruellement les dangers. La politique généreuse peut-être, mais chimérique, dangereuse, inquiète aussi, instable et contradictoire où s'égara Napoléon III eut pour résultat l'écrasement de la France par cette Allemagne que nous avions faite ou laissé faire, et l'hostilité de cette Italie qui est aussi notre œuvre propre.

Napoléon III fut coupable, mais non d'avoir laissé

arriver à l'état adulte ces deux redoutables voisins qu'avait créés Napoléon premier. Car il est peu logique et peu digne d'une nation chevaleresque de regretter que l'Allemagne et l'Italie aient diminué, en naissant, la place que nous occupions dans le monde. Les peuples ont droit de vivre et de se développer tout comme les individus. Notre politique, celle de Napoléon III, de Philippe VII ou d'Henri V, n'aurait jamais empêché ces Etats de naître. La faute du second Empire fut, non pas de les laisser se former, s'agrandir, se fortifier, à côté de nous, ce qui se serait fait tôt ou tard, mais bien de perdre l'avance qu'il avait sur eux, de ne nous avoir pas conservé par l'habileté de sa diplomatie ou l'accroissement de ses forces militaires le rang auquel il nous avait replacé et d'avoir livré la France sans soldats, sans officiers et sans alliés à l'Allemagne, sûre de la neutralité de l'Europe et confiante dans son innombrable armée.

VI

Cette triste mésaventure eut pourtant un heureux effet. Elle brouilla la France avec le régime dynastique et plébiscitaire. Elle montra au peuple qu'il valait mieux diriger ses affaires soi-même que d'en confier le soin à un gérant, si bon qu'il fût. Et le peuple le crut sans peine, car de 1800 à 1871, les guerres, les révolutions, les expériences et les épreuves de toute sorte l'avaient formé, rendu majeur et maître de lui.

Mieux eût valu sans doute, ou bien que l'on fût arrivé chez nous du premier coup à cette conception définitive dans laquelle notre pays semble avoir trouvé depuis vingt-sept ans, son centre de gravité politique ;

ou tout au moins que, par une série de transitions ménagées, on s'y fut acheminé lentement, sûrement et sans secousse. Cette dernière alternative qui paraît la plus raisonnable, il dépendait de nos divers gouvernements monarchiques, il dépendait de la bourgeoisie éclairée, de l'adopter et de la soutenir.

Mais de 1789 à nos jours, tous les régimes de juste milieu se sont perdus eux-mêmes, par leur incapacité notoire, leur insuffisance démontrée à résoudre les grands problèmes sociaux, ou à faire face aux grands périls extérieurs. Ils se sont perdus surtout par leur aveugle et coupable obstination à limiter ou à repousser les justes revendications du peuple.

Ainsi la monarchie Constitutionnelle de Louis XVI, le Directoire, les gouvernements de la Charte qui nous ont à trois reprises, jetés dans la dictature par leur nullité ou par leurs fautes. Qu'on ne l'oublie pas: le plébiscite a toujours été l'arme suprême du peuple quand il s'est cru trahi ou trompé. Il ne se servit de cette arme que lorsqu'on l'accula à la nécessité de la saisir.

Le plébiscite qui suppose le suffrage universel est un principe aujourd'hui bien usé, insoutenable logiquement et dont la critique est trop facile à faire. Mais il est apparu plusieurs fois dans ce siècle comme un expédient indispensable et commode. Le peuple a ses besoins, ses désirs, ses aspirations. Ils furent longtemps vagues, inconscients, peu capables de se réaliser ou de s'exprimer par eux-mêmes. La seule idée claire qu'il eût, c'est qu'il était le Maître. Il en déduisit le droit de déléguer sa souveraineté à l'homme qui savait satisfaire ses besoins, réaliser ses désirs, deviner ses aspirations. Mais cet homme n'était pas toujours un intendant fidèle. Pour vouloir faire trop

grand, il gaspilla le capital qu'on lui avait confié. Le
dernier déficit ayant été en 1870 de 14 milliards, on
renonça décidément à un système si coûteux et si
plein de dangers.

VII

Avec lui tombe dans le passé la dynastie qui, à deux
reprises, l'avait incarné chez nous. Napoléon n'est
plus, à aucun titre, un homme de notre temps et dont
nous puissions invoquer l'exemple, regretter l'absence,
ou souhaiter le retour. Trop de faits irrévocables,
trop d'idées irréfutables nous éloignent de lui. Dans
ce monde qu'il a contribué à faire il serait dépaysé.
Son système politique y paraît odieux et suranné. Sa
puissante vitalité s'y userait sans profit; ses éclats y
detonneraient sans trouver d'échos. Il appartient au
passé, il entre dans la sérénité de l'histoire. Il a déjà
sa légende, comme un demi-dieu. Elle le relègue bien
loin de nous, et au séjour des héros. Laissons le mythe
napoléonien se former dans l'imagination populaire.
Mais que les hommes de science ne renoncent pas,
sous ses dehors brillants, à en toucher et à en expliquer le fond. Ils le peuvent, croyons-nous, mais à la
condition de déposer leurs préjugés à la porte, de
faire cesser leurs querelles d'école, d'oublier leurs
préventions de parti. Il est fâcheux que parmi eux,
les plus grands n'aient pas été les plus justes.

Pour nous, nous l'admirons sans réserve, pouvant
le faire sans crainte. Nous lui pardonnons volontiers
des excès et des fautes, dont il partagea la responsabilité, parmi tant d'autres, avec l'immense majorité
de nos grands'pères, qu'il ne nous appartient pas de
condamner. Ferme partisan de l'unité indissoluble de

la Patrie, nous sommes reconnaissants à l'homme qui l'organisa. Disciple de la Révolution, nous remercions l'homme qui la répandit. Français, nous sommes fier de la gloire qu'il procura à la France. Et nous pensons que tous nos compatriotes peuvent, sans erreur, et sans danger, adopter notre opinion et partager nos sentiments.

VIII

Puisqu'on a dit de notre siècle qu'on l'appelerait le siècle de l'Histoire, il serait bon d'affirmer et de divulguer cette très simple vérité historique et qui semble aujourd'hui bien démontrée. Pour atteindre aux formes les plus élevées d'une civilisation qui se perfectionne sans cesse, il est nécesaire de passer, plus ou moins rapidement, par toutes les formes inférieures. Le Progrès humain est le résultat et le résidu de plusieurs régimes successivement apparus, et dont chacun, à la manière d'un être vivant, est né parfois avec peine, s'est développé d'une croissance lente et précaire, est arrivé à l'âge adulte, puis à la décrépitude et à la mort après avoir rempli sa destinée et rendu des services qui n'ont pas été perdus. Car de ce régime, un autre est né qui est allé plus loin et est monté plus haut, comme un arbre utilise, pour refaire au printemps sa frondaison nouvelle, les débris décomposés des feuilles des printemps passés.

C'est ainsi que l'histoire est faite de la succession de plusieurs époques, très différentes assurément, mais toutes également grandes, belles et utiles. Utiles surtout parce que chacune d'elle a préparé la suivante, d'où d'autres naquirent et naîtront ainsi définitivement. On ne peut demander à chacune que d'avoir rempli la fin qui lui semblait assignée. Cette fin variable dans les détails, est progressive dans l'ensemble. Mais tout progrès étant un résultat, il est souverainement injuste de juger le progrès en action au nom du progrès accompli. Condamner les excès de Napoléon, au nom de notre expérience actuelle, c'est agir comme un homme mûr qui maudirait l'exubérance de sa jeunesse.

Dans l'un et dans l'autre cas, les fautes furent la rançon de l'expérience. L'histoire d'un peuple, comme celle d'un homme, ne comporte pas de moralité permanente et absolue. Il se font peu à peu, à leurs risques et dépens, chacun sa morale.

Ce n'est donc pas la Révolution, comme on l'a dit, qui est un « bloc » : c'est toute l'histoire de France. Il ne faut renier aucune des époques de notre passé national sous peine d'avoir à les renier toutes. Telle fut la faute de Taine. Elle porte en elle son expiation.

Dans ce « bloc » qu'il a voulu désagréger et mutiler, parmi plusieurs sommets qui le dominent, sur le plus élevé et le plus étincelant se dresse, immortelle, l'image de l'Empereur. Certes il a fallu de violentes et terribles commotions pour faire jaillir le pic qui lui sert de base à cette hauteur. Nous qui, venus après ces convulsions de notre terre, pouvons cheminer sans crainte dans une plaine sans accidents, ne souhaitons pas le retour d'aussi effrayants cataclysmes. Contentons-nous à moins de beauté payée par moins d'horreurs. Mais ne craignons pas, dans notre marche tranquille, de tourner parfois la tête vers les monts aujourd'hui figés. Et si nous n'éprouvons pas le désir d'en escalader les cimes, notre sagesse et notre impuissance ne doivent pas insulter à leur gloire qui, de loin, semble immaculée.

FIN

TABLE ANALYTIQUE

DÉDICACE. — AVANT-PROPOS

INTRODUCTION. — Idée peu précise qu'on se fait de Napoléon.

PREMIÈRE PARTIE

L'HOMME

LE CARACTÈRE.

Nécessité de distinguer entre l'Homme et l'Œuvre, entre le Souverain et l'Homme.

L'HOMME.

I. De l'immoralité de Napoléon. Napoléon et les femmes.
II. Napoléon amoureux.
III. La famille de l'Empereur. Ses sentiments comme frère, fils, père et époux.
IV. Connut-il l'amitié ? Preuves qu'il l'éprouva et l'inspira. De l'insociabilité prétendue de Napoléon.
V. Fut-il populaire et mérita-t-il de l'être. La Légende de Napoléon.
VI. Fut-il exclusif et jaloux ?
VII. Comment concilier son égoïsme prétendu et sa sensibilité bien connue ?
VIII. Il ne fut pas un « struggle for lifer ». Il aima la France comme une maitresse.

Conclusion. L'homme n'est pas plus mauvais que la majorité des hommes.

LE SOUVERAIN.

Ses défauts comme souverain. Caractère implacable, attitude peu noble.

— II —

I. Comment s'expliquent sa perfidie avec les étrangers, son despotisme pour ses sujets.

II. Son grand crime politique. L'exécution du duc d'Anguien fut le résultat fatal d'un concours de circonstances funestes au malheureux prince et d'un moment d'affolement très excusable chez Napoléon.

III. Napoléon et sa cour. L'étiquette impériale. Souvent grossier avec les femmes, il est brutal avec les hommes.

IV. Il eut tort de leur témoigner le mépris qu'ils lui inspiraient.

V. Agissant ainsi, il était égaré par l'inévitable et dangereuse folie de l'absolutisme dégénérant en despotisme.

VI. Mais ce despote ne fut pas un tyran. Curieuse opinion de W. Scott.

VII. Il fut un souverain médiocre par le caractère. Circonstances atténuantes.

L'ESPRIT.

Les lumières après les ombres. Napoléon fut un admirable esprit.

I. Eléments de son intelligence. Le style et l'éloquence de Napoléon.

II. Ses qualités dominantes : imagination, puissance déductive.

III. Sa méthode de travail.

IV. La crise créatrice.

V. La prétendue mégalomanie de l'Empereur.

LE GÉNIE MILITAIRE.

Napoléon l'éternel modèle des stratégistes et des tacticiens.

I. Comment les qualités de l'administrateur et du général s'unirent en lui.

II. Genèse de son génie militaire.

III. Son érudition spéciale. Son souci du détail. Les services accessoires.

IV. Les armes principales.

V. Sa connaissance de l'adversaire.

VI. Jusqu'à quel point il fut fataliste.

VII. Sa tactique, triomphe de la raison appliquée à la force.

VIII. Ses principes généraux.

  IX. Différents cas de leur application.
   X. Qualités qu'il exige de son armée.
  XI. Napoléon connaît admirablement le cœur du soldat. Sa
       psychologie militaire.
      Conclusion de ce portrait. Son insuffisance, si après
       l'homme on n'étudie l'œuvre.

DEUXIÈME PARTIE

L'ŒUVRE

A quelles conditions elle est intelligible. Divisions.

LES DÉBUTS.

    I. Ecartons les hypothèses qui compliquent.
   II. Napoléon à Brienne ne détestait pas la France.
  III. Il se rallie à la Révolution.
   IV. Sa retraite studieuse. Ses tentatives en Corse.
    V. Sa mise en disponibilité. Incorrection de sa conduite.
   VI. Il est puni, mais rachète sa faute au 13 vendémiaire.
  VII. Appréciation de cette journée. La campagne d'Italie.
 VIII. Campo-Formio. L'expédition d'Egypte. Raisons de ces
       actes.
   IX. La France en 1799 est « aux bords de l'abîme » (Carnot).
    X. Folies de la politique étrangère.
   XI. Le Directoire était indigne de subsister plus longtemps.
  XII. La reconstruction improvisée de la France en 1800.
 XIII. Le peuple français s'abandonne sans mesure à son admi-
       ration pour celui qui l'a sauvé et lui offre le pouvoir
       absolu avant même qu'il ne songe à le prendre.

L'ŒUVRE INTÉRIEURE.

    I. Condamnation d'ensemble portée par Taine sur cette
       œuvre.
   II. Pourquoi Bonaparte se décide pour la centralisation
       contre l'autonomie locale et pour l'autoritarisme de
       l'Etat contre l'individualisme anglo-saxon.
  III. De la passion des Français pour l'égalité de droit unie
       aux inégalités de fait.
   IV. Satisfactions données par Bonaparte à ces tendances
       d'apparence contradictoire.

— IV —

    V. Le Français plébiscitaire d'instinct jusqu'à complète expérience des défauts de ce régime.

   VI. La France ne serait-elle pas vouée à la centralisation ?

  VII. Principes généraux de notre administration centralisée.

VIII. Le Concordat fut, pour l'époque, une œuvre de sage politique.

   IX. La législation est en conformité exacte avec les mœurs du temps.

    X. La Légion d'honneur. Résumé.

   XI. Exemples et théories que pouvait consulter et suivre le Premier Consul. Choix judicieux qu'il fit entre eux.

  XII. Son administration est bonne. Son gouvernement fut parfois mauvais. La liberté sommeille jusqu'en 1814. Pourquoi il y attenta.

LA POLITIQUE ÉTRANGÈRE.

    I. Idées courantes sur Napoléon, le « grand massacreur d'hommes. »

   II. Une part de responsabilité dans ces massacres revient à l'Europe et surtout à l'Angleterre.

  III. Son Empire colonial a été ravi morceau par morceau à d'autres Etats, à la France surtout.

  IV. Napoléon lui fut odieux parce qu'il lui disputa l'empire des Mers.

   V. Elle ameuta l'Europe contre nous et inaugura le blocus maritime auquel l'Empereur répondit par le blocus continental.

  VI. D'autre part, l'Europe monarchique rêvait la destruction dans leur germe, en France, des idées révolutionnaires.

 VII. La grande crise anglo-française et la grande querelle révolutionnaire se confondirent en une lutte acharnée de l'Europe, menée par l'Angleterre, contre la France.

VIII. L'action individuelle de Napoléon aurait-elle pu empêcher ce conflit ?

  IX. Limites dans lesquelles s'exerce l'action individuelle de Napoléon. Son retour inconscient aux détestables maximes politiques de l'ancien régime.

   X. Mais il n'a pas foulé les nationalités qui, en Allemagne et Italie, n'existaient pas.

XI. Preuve de cette assertion.

XII. Il n'est pas personnellement responsable de tout le sang versé.

XIII. Nulle grande œuvre humaine sans qu'il en ait coulé beaucoup. Le double conflit indiqué devait être très bref, très décisif, donc très sanglant.

LA CHUTE.

I. Causes générales de sa chute.

II. Il épuisa la France en abusant de sa docilité.

III. Il exaspèra l'Europe qui l'écrasa de son poids.

IV. Contre lui, malgré les anciennes rivalités, les cabinets s'unissent.

V et VI. Les rois surent intéresser les peuples à leur cause : Espagne, Russie, Allemagne.

VII. Merveilleuse unité de direction dans cette coalition.

VIII. Notre unité nationale semble, au contraire, s'affaiblir et se relâcher devant l'ennemi.

IX. Napoléon succombe à la coalition des évènements et des hommes.

X. Après la retraite de Russie, tout pouvait être sauvé. Rôle de Metternich. Il voulait l'écrasement de Napoléon.

XI. Chute glorieuse de l'Empereur. L'honneur ne lui permit de désespérer qu'après Waterloo.

XII. Son œuvre tombe-t-elle tout entière avec lui ?

LES CONSÉQUENCES.

I. Nécessité d'élargir le cadre de cette étude.

II. Les peuples suscités par Napoléon victorieux à leur tour des rois qui l'ont vaincu.

III. En France deux gouvernements tombent pour s'être trop écarté des traditions napoléoniennes.

IV. En Europe, partout ou il est passé, la liberté a fleuri.

V. Il avait précipité une œuvre inévitable.

VI. Seule la guerre pouvait répandre les idées révolutionnaires en Europe.

VII. Il accomplit rapidement cette œuvre nécessaire.

VIII et IX. Il fut l'homme extraordinaire qui convenait à cette œuvre extraordinaire.

CONCLUSION.

I. Recul qu'il faut prendre pour bien apprécier Napoléon.

II. L'étranger l'admire. C'est en France qu'il est le plus contesté.

III. L'école libérale-individualiste l'excommunie au nom de ses doctrines.

IV. Les bonapartistes exploitent son souvenir et son nom.

V. Les républicains craignent de glorifier en lui l'idée bonapartiste. Mais les fautes de Napoléon III ont tué cette idée.

VI. Pourquoi le peuple a définitivement renoncé au régime plébiscitaire.

VII. Plus de craintes qu'il ressuscite. Aussi pouvons-nous sans danger admirer le créateur, aujourd'hui relégué dans le passé de l'histoire, de ce régime entièrement disparu.

VIII. L'histoire de France est un « bloc. » En détacher Napoléon serait la découronner.

Jugement d'ensemble.

TABLE GÉNÉRALE

DES

MATIÈRES

	Pages
DÉDICACE	
Avant-Propos	1
PREMIÈRE PARTIE : L'HOMME	
L'Homme	5
Le Caractère	6
Le Souverain	24
L'Esprit	38
Le Génie Militaire	45
DEUXIÈME PARTIE : L'ŒUVRE	
L'Œuvre	61
Les Débuts	63
L'Œuvre intérieure	85
La Politique étrangère	110
La Chute	132
Les Conséquences	146
Conclusion	155

La Flèche. — Typo-Litho. CHARIER-BEULAY.

ERRATA

PAGES			AU LIEU DE	LIRE :
18	ligne	9	dans œuvre	dans son œuvre
19	—	1	foule impressionnable	foule la plus impressionnable
19	av.-dern.		1798	1799
30	—	3	gme	dogme
38	—	1	venance	convenance
55	—	8	les corps	les corps ennemis
65	—	27	boursiers	loustics
69	—	2	comité	comté
98	—	10	Par ces bases	Sur ces bases
98	—	18	enervé	enivré
102	—	8	confirment	confèrent
138	—	11	du contact	au contact
147	—	9	Mündchengraëtz	Münchengraëtz